Lutz Finkeldey

Jugend
im Hexenkessel

Zwischen Anpassung und Ausgrenzung

SWI VERLAG

Die Deutsche Bibliothek — CIP-Einheitsaufnahme
Finkeldey, Lutz:
Jugend im Hexenkessel : zwischen Anpassung und
Abgrenzung / Lutz Fineldey. - Bochum : SWI-Verl., 2002
ISBN 3-925895-77-9

0101 deutsche buecherei0292 deutsche bibliothek

© 2002 SWI Verlag, Bochum
Selbstverlag des Sozialwissenschaftlichen Instituts
der Evangelischen Kirche in Deutschland
Postfach 25 05 63, 44743 Bochum
Umschlagentwurf und -gestaltung: Ulf Claußen (SWI)
Herstellung: Books on Demand GmbH
Alle Rechte vorbehalten
Printed in Germany
ISBN 3-925895-77-9

Der frühere chilenische Präsident Salvadore Allende strebte für sein Land die Gleichheit aller Menschen an. Die Kinder hob er allerdings heraus:

Sie sollten die Privilegierten sein.

Dieses Buch ist stellvertretend meinen Kindern *Jasper* (13 Jahre) und *Tim* (8 Jahre) gewidmet.

Inhalt

Die Jugend gibt es gar nicht: Vorwort

Einst kochten Hexen im Kessel ihr Gebräu, bis es brodelte. Gesellschaftliche Akteure wie Eltern, Politiker, Unternehmer, Lehrer, Bildungsplaner oder Forscher steuern heute zu einem Gebräu namens »Jugend« ihre spezifischen Zutaten bei, die alle irgendwie und irgendwo wirken. Sie lassen in Teilbereichen Substantielles, in anderen Konturenloses, gar »Müll« entstehen. Ähnlich vermischt wie in einem Hexenkessel umreißt der Begriff »Jugend« eine ganze Reihe von Verständnisweisen. In §8 des Kinder- und Jugendhilfegesetzes (KJHG) wird Jugend entsprechend dem Alter definiert: Wer 14, aber noch nicht 18 Jahre alt ist. Junger Mensch ist, wer noch nicht 27 Jahre alt ist. In einigen Jugendstudien wird die Jugend bis zu 29 Jahren ausgedehnt. Im Sportbereich wird von Jugendmannschaften schon ab dem 6. Lebensjahr gesprochen. Nach der Kinderrechtscharta der Vereinten Nationen sind Menschen bis zur Vollendung des 18. Lebensjahres Kinder. Diese Auflistung ließe sich verlängern, aber sie trüge nicht zu mehr Klarheit bei, denn Kindheit oder Jugend wird entsprechend dem Erkenntnisinteresse bestimmt, also juristisch, historisch, psychologisch, politisch, soziologisch usw. Unter Jugend werden in diesem Buch in der Regel die Heranwachsenden gefaßt (Adoleszente), die sich in einer mit gesellschaftlichen Funktionen ausgestatteten Übergangszeit befinden. Dennoch ist Jugend kein transitorischer Abschnitt mehr, der alleinig zur Einübung gesellschaftlicher Normen im Sinne der Erwachsenengeneration dient. Erzwungene Selbstsozialisationsanteile treten in vielen Bereichen an deren Stelle. Das gesellschaftliche Werden tritt in der Jugendphase gegenüber dem Alter in den Vordergrund (vgl. Münchmeier 2001, 101). Jugend erfährt damit eine soziale und soziologische Definition (vgl. Ferchhoff 1999, 71), die dann eine altersmäßige Engführung erhält, wenn dies z.B. bezüglich juristischer oder zu vergleichender Aspekte geboten ist.

Mit diesem Buch, »Jugend im Hexenkessel«, wird vornehmlich soziologischen Fragestellungen nachgegangen. Die Soziologie beschäftigt sich mit gesellschaftlichen Verhältnissen und dem Handeln zwischen Menschen sowie in diesem speziellen Fall der Stellung und Funktion der Jugend und Jugendlichen als gesellschaftliche Größe und individuell Handelnde. In der Soziologie gibt es keine wertfreie Erkenntnis. Grundlagen müssen erst erarbeitet werden, um darauf aufbauend objektiv argumentieren zu können.

Damit steht die Soziologie aber quer zur Alltagserkenntnis. Der Mensch mit seiner ureigenen Geschichte besitzt zwar im Erkenntnisprozeß eine aktive Funktion, weil er immer individuelle Eigenschaften einbringt, doch basiert sein Wissen auf unterschiedlichen gruppenspezifischen Prozessen, die durchaus wiederum altersspezifisch aufgefächert sein können. Das heißt: Je weniger Vergleichbares vorhanden ist, desto weiter fallen Wahrnehmungen im Alltag auseinander. Insofern mögen Menschen zwar den selben Begriff verwenden, doch stellen sie sich etwas völlig anderes darunter vor. Im Alltagsbewußtsein wird - ohne es sich oft bewußt zu machen - »konstruiert«. Wir hinterfragen nicht jeden Sachverhalt, jede »Konstruktion«, dafür haben wir keine Zeit, auch brauchen wir diese zum Teil überlebensnotwendigen Konstrukte. Sonst wären wir zum Beispiel kaum in der Lage Auto zu fahren, weil wir alle besorgt wären, daß die Bremsen versagen könnten. Die Wissenschaft hingegen sollte den Prozeß des »Hinterfragens«, des Dekonstruierens vornehmen, damit nicht »andere« als bisher bekannte Interpretationen vorschnell verworfen oder ohne Überprüfung als unzureichend oder politisch falsch gewertet werden.

Zur Verdeutlichung will ich zwei kurze Beispiele einfügen: Vor ein paar Jahren habe ich eine Gruppe von Studierenden mit Fotoapparaten ausgestattet und sie gebeten, Armut zu fotografieren. Sie haben die unterschiedlichsten Motive mitgebracht: heruntergekommene Spielplätze, leere Bierkästen, mausgraue Hochhausfassaden, Straßenschluchten, Bettler, Müll usw. Im Prozeß des Motivsuchens und Fotografierens, berichteten sie, seien sie immer unsicherer geworden, was denn Armut sei. Vorher, meinten sie, hätten sie es besser gewußt.

Die Idee zu diesem Vorgehen fand ich im »Theater der Unterdrückten« von Augusto Boal (Boal 1980). In einem Alphabetisierungskurs wurden alle Teilnehmenden aufgefordert, eine fotographische Antwort auf die Frage, was sie unter Ausbeutung verstünden, zu geben. Ein Junge fotographierte einen Wandhaken. Zunächst, so Boal, hätten nur die anderen Kinder das Motiv verstanden. Viele Jungs beginnen im Alter von sechs oder sieben Jahren als Schuhputzer zu arbeiten, um zum Unterhalt ihrer

Familie beizutragen. Sie kommen aus Elendsvierteln, wo es keine Schuhe zu putzen gibt. So sind sie im Stadtzentrum tätig, können aber ihren Kasten mit den Putzuntensilien nicht täglich hin- und herschleppen, sondern mieten sich in einem Café einen Wandhaken. Der Anblick eines solchen Hakens erinnert die Kinder an ihre Notlage (Boal 1980, 45f).

Es gibt schlicht keine universelle Wahrheit, aber es gibt einen unerschöpflichen Reichtum an Wahrnehmungsweisen, die im Idealfall alle zu berücksichtigen wären.

Auf die Frage, »Was fällt ihnen oder dir zur Jugend ein?«, gäbe es wahrscheinlich fast so viele Spontanantworten wie teilnehmende Personen. Auch nach näherer Betrachtung und eingehendem Studium können wir Jugend in ihrer Vielfalt nicht ansatzweise allumfassend beschreiben oder erfassen. Selbst wenn das möglich wäre, wäre diese Aufnahme bereits mit der Veröffentlichung überholt, weil nicht zeitgleich ausgewertet und publiziert werden kann. Wahrscheinlich wäre es nicht einmal sinnvoll, weil wir von der Datenflut »erschlagen« würden. Wozu müssen Menschen alles wissen wollen? Das ist doch langweilig und obendrein anmaßend. Dahinter kann doch nur Mißtrauen stecken oder das hehre Ziel, für die Jugend gestalten zu wollen. Wissen junge Leute nicht, was sie wollen? Ich denke schon. Bloß Kinder und Jugendliche dürfen kaum über ihre eigene Zukunft mitbestimmen, sie werden in der Regel höchstens angehört. Wie gesagt, die Kritik richtet sich gegen das Allumfassende. Sicherlich, es ist notwendig überblickhaft und in Teilbereichen zu schauen, zu analysieren, um zu begreifen - wie es in vielen Jugendstudien geschieht -, doch sollte es primär um das Verstehen gehen und nicht das Besser-Wissen.

Das Buch »Hexenkessel Jugend« versucht Handlungsspielräume für Jugendliche und auch ansatzweise aus jugendlicher Sicht zu beleuchten. In kirchlichen Zusammenhängen wird gern davon gesprochen, daß der Weg das Ziel sei. In Soziologie und Pädagogik wird öfter betont, daß Fragen wichtiger seien als Antworten. Der Grund ist ganz einfach: Nur wer mit tatsächlichem Erkenntnisinteresse fragt, kann sich weiter entwickeln, lernt, ist für Zukunft offen. Ziel ist folglich nicht, der Jugend den Weg zu weisen, sondern sich auf die Suche zu begeben, welche Möglichkeiten ihr die von Menschen vergangener und gegenwärtiger Generationen geschaffene Alltäglichkeit, Politik und Wirtschaft lassen, um selbst aktiv gestalten zu können.

Es brodelt: Einleitung

Jugendliche sind erwartungsvoll, zufrieden, unzufrieden oder empört. Sie harren der Dinge, die kommen oder sie lehnen sich gegen etwas Ungelöstes auf. Sie erwarten etwas Spannendes oder wollen bisherige Grenzen nicht akzeptieren. Die Spannung soll sich entladen. Das Andere oder Neue gehört noch strukturiert. Der »Hexenkessel« steht also auch für Orientierungen oder Kämpfe in der Alltäglichkeit von Jugendlichen, für Jugendpolitik sowie für politische Demonstrationen. Er symbolisiert aber auch Abgrenzungen von Jugendlichen zu ihrer Elterngeneration und umgekehrt.

Der »Hexenkessel« steht abstrakter formuliert in diesem Buch für konkurrierende individuelle wie gesellschaftliche Sinn- und Lebenswelten. Rivalität wiederum setzt die Akzeptanz oder Zementierung des Gegebenen oder einen Willen zur Veränderung voraus.

Jugend in unserem heutigen Sinn gibt es erst seit rund hundert Jahren. Jugendliche haben seitdem sich immer mit dem Abarbeiten an »ihrer« Geschichte, sprich der tradierten Normen und Werten ihrer Vorfahren, neue Gestaltungsräume eröffnet. Sie haben Änderungen bewirkt, die gesellschaftliche Utopie in sich trugen. Seien dies beispielsweise die Wandervögel zu Beginn, die Halbstarken in den fünfziger Jahren oder die 68er am Ende des 20. Jahrhunderts. Sie alle haben sich mehr oder minder bewußt aufgelehnt gegen das Etablierte, das sich ihnen entgegenstellte. Sie wuchsen und wachsen in einer Gesellschaft mit deren vielfältigen Realitäten auf, die sie anders prägten als die vorherige Generation. Das, was wir als Normalität verstehen, wandelt sich permanent. So haben sich in unserem Kulturkreis beispielsweise die in der Mitte des 20. Jahrhunderts Geborenen den massenhaften Gebrauch des Personal Computers (PC) erst im Laufe ihres Berufslebens - wenn überhaupt - aneignen können oder müssen, während der PC für die heutigen Jugendlichen »Normalität« ist. Diese Differenz prägt einen anderen Umgang mit vielen Dingen des alltäglichen Lebens. Andere Interpretationen für die »Welt« werden dadurch eröffnet und unternommen.

Im Prozeß des Älterwerdens werden Menschen - vereinfacht formuliert - gesellschaftsfähig und damit auch prägend in einer trotz aller beharrenden Momente sich als dynamisch begreifenden Gesellschaft. Jugendliche waren und sind mit ihren Moral- und Wertvorstellungen sowie mit ihren gesellschaftlichen Interpretationen der Zukunftsmotor einer sich zunehmend globalisierenden Welt, die sich ihnen heute durchaus ambivalent als »Problem« entgegenstellen kann. Globale Strukturen wirken in lokale Zusammenhänge hinein, wodurch autonome Entscheidungsmöglichkeiten eingeschränkt werden können.

Mehr »sich selbst nährende Systeme« sind die Folge. Je komplexer oder risikoreicher Prozesse werden, desto weniger sind sie korrigierbar, weil die Eigendynamik nur geringe Korrekturen zuläßt. Beispielhaft für Komplexität sei die Krise des Sozialversicherungssystems und Atomkraftwerke für Risiken angeführt. Die Fortschrittsgeister, die viele Jugendgenerationen bis Ende des 20. Jahrhunderts gerufen haben, haben eine Eigendynamik entwickelt, die ihren heutigen Nachfolgerinnen und Nachfolgern zum Verhängnis werden kann: Vorausgesetzt, wenn sie über ihre eigene Biographie hinaus gestalten wollen.

Die Ambivalenz von Freiheit wird an dieser Stelle sehr deutlich. Absolut gesehen sind Jugendliche heute wesentlich freier als noch vor dreißig oder vierzig Jahren, denn die Chance, den eigenen Lebensweg zu gestalten, ist wesentlich größer geworden. Gesellschaftliche Risiken wurden jedoch gleichzeitig individualisiert. So beantworten auch politisch und wirtschaftlich aktive Menschen das Wegfallen sogenannter »einfacher Arbeitsplätze« mit: »Wenn du auf dem Arbeitsmarkt etwas werden willst, mußt Du Dich qualifizieren!« Der Jugendliche hat sich dem Wirtschaftsprozeß anzupassen und nicht umgekehrt. Strukturell gesehen wird auf diese Weise der Mensch ein Anhängsel wirtschaftlicher Prozesse, was durchaus die Grenzen der Freiheit gegenwärtigt.

Individuum und Ökonomie entwickeln sich immer weiter auseinander, so daß auch konsequenterweise die Gemeinschaft der Individuen immer weiter zerbröselt.

Die Suche nach Freiheit in einer nur als »Stichwort« existierenden Freiheit reicht für viele Jugendliche nicht mehr hin. Dies äußert sich in Apathie, dumpfer Kritik genauso wie in Loveparades oder Demonstrationen gegen Castortransporte und Weltpolitiker- oder Weltwirtschaftsgipfel.

Vorwort und Einleitung haben in die Thematik dieses Buches eingeführt. In den folgenden Abschnitten geht es darum, diese Gedanken zu vertiefen.

»Denn sie wissen, was sie tun« nimmt mögliche Interessen Jugendlicher auf und beleuchtet deren Handlungsspielräume. »Gebt der Jugend (k)eine Chance« lotet das Verhältnis von »Wollen« und »Können« aus. Im Abschnitt, »Brüche als Normalität erleben«, wird den Spuren der (post-) modernen Gesellschaft und jugendlicher Lebenswelt gefolgt. In den sich anschließenden »Parallelen treffen sich im Unendlichen« werden beschleunigte Welt, Ortslosigkeit und Jugend in Beziehung gebracht. »Laßt der Jugend ihre Welt: Schluß« ist ein Plädoyer für gestalterische Freiheit durch die Jugend.

In dieses Buch sind Fotos von Kindern, Jugendlichen, jungen Erwachsenen oder auch Erwachsenen eingefügt. Sie vergegenwärtigen, daß das alltägliche Leben von einzigartigen Menschen geprägt wird. Sinngemäß stehen die abgebildeten Personen für: Gewähre Kindern, Jugendlichen und allen anderen Menschen die gestalterische und tatsächliche Freiheit, die du gern gehabt hättest oder für dich zumindest in Anspruch nimmst oder nehmen willst.

Das hier vorliegende Buch wollen Hartmut Przybylski und ich um einen zweiten Band ergänzen. Dieser Band soll abgesehen von einer kurzen Einleitung ausschließlich uns zugesandte Erlebnisse oder Berichte enthalten. Der Titel des noch ungeschriebenen Werkes wird sein: »Lesebuch zur Zukunft der Jugend. Jugendliche und Erwachsene berichten«. Damit wollen wir ungefiltert und unkommentiert die Vielfalt jugendlichen Fühlens, Denkens und Lebens nahebringen. Wir wollen vor allem Jugendliche und auch junge Menschen unter 27 Jahren ansprechen, uns Beiträge zur Verfügung zu stellen. Auch sind wir an Beiträgen von Professionellen aus dem Bereich der Jugendhilfe interessiert. Unser Ziel ist es, eine Vielfalt jugendlichen Ausdrucks zu erhalten.

Thomas Gagalick hat mich als Lektor beim Schreiben dieses Buches begleitet. Wegen seiner kritischen Hinweise und konstruktiven Kommentare gilt ihm mein ganz besonderer Dank.

Abschließend möchte ich mich bei Ruben, Luise, Tim, Jasper, Tessa, Nina, Esther, Sönke, Simone und Dirk sehr herzlich bedanken, weil sie mir das Vertrauen schenken, ihre von mir aufgenommenen Fotos in diesem Buch zu veröffentlichen.

Lutz Finkeldey
Im Februar 2002

15

Tessa, 16 Jahre

Jasper, 13 Jahre

Denn sie wissen, was sie tun

Verantwortung ohne Jugendliche
Der amerikanische Filmschauspieler James Dean prägte für viele Menschen in den fünfziger Jahren des 20. Jahrhundert das Bild vom jugendlichen Rebell. »Rebel without a cause« (... denn sie wissen nicht, was sie tun) war 1955 eine Hymne auf »Halbstarke«. Junge Menschen lehnten sich gegen den Mief der bürgerlichen Gesellschaft auf. Obwohl diese Jugendlichen zahlenmäßig innerhalb der jungen Bevölkerung nicht sehr bedeutsam waren, feierten sie medial große Erfolge. Sie lebten offensichtlich das aus, was sich andere nicht trauten, doch davon »heimlich« träumten. James Dean war ihr Idol. Diese James Deans brachen Tabus und trafen dabei auf eine Gesellschaft, die sich auch in Deutschland noch leicht provozieren ließ. Das Baden der Füße in Brunnen oder das Betreten des Rasens in öffentlichen Anlagen war nicht nur verboten, sondern wurde ebenso wie das Überschreiten der Straße an einer roten Fußgängerampel polizeilich geahndet. Der Ordnungssinn der Erwachsenen in jener Zeit ließ den Jugendlichen kein »abweichendes« Verhalten von ihren Vorstellungen durchgehen, denn sie, die Jugendlichen, wußten nach ihrer Auffassung nicht, was sie tun. Doch sie wußten es. Sie lehnten sich gegen eine obrigkeitstreue, nach Orientierung ringende Nachkriegs-Erwachsenengeneration auf, die der Macht des Bestehenden huldigte. Jede noch wie geartete Kritik interpretierte die schweigende Mehrheit der Bevölkerung als Ablehnung des Bestehenden. Im Sinne der »Studien zum autoritären Charakter« (Adorno 1976) durfte nicht sein, was nicht sein darf.

Der Dokumentarfilmer Gordian Troeller nannte 1985 einen Film in der Reihe »Kinder der Welt« »Denn sie wissen, was sie tun« (Radio Bremen, 7.10.1985). Anhand von Kinderarbeit [1] in der bolivianischen Stadt Santa Cruz zeigt er, daß das Überleben einer Familie unter den herrschenden Bedingungen nur dann gewährleistet werden kann, wenn Kinder zum Unterhalt der Familie beitragen. Unsere Erziehungsvorstellungen schließen diese Form der Kinderarbeit aus, weshalb wir oft vorschnell dazu neigen, diese zu verurteilen. Bloß damit werden wir der von Troeller geschilderten bolivianischen Realität nicht gerecht, denn die Kinder fühlen sich gerade deshalb respektiert, weil sie in der Familie gebraucht werden. Verantwortliches Handeln bekommt hier eine ganz andere Dimension. Dieser Perspektivenwechsel bildet das Leitmotiv für diesen Abschnitt: Denn sie wissen, was sie tun, die Jugendlichen. Es geht also zunächst darum, den Versuch zu unternehmen, zu verstehen, anstatt vorschnell zu urteilen.

Verhaltensweisen von Kindern und Jugendlichen dienen damit nicht der Feststellung von Defiziten, sondern sind ein Gradmesser für gesellschaftlichen Umbruch (s. Keupp 2000, 11). Viele Veränderungen, die Erwachsenen Kopfzerbrechen bereiten, weil sie durch Neues verunsichert werden, sind für Jugendliche schlicht selbstverständlich. Sie kennen »es« gar nicht anders.

Das, was beispielsweise bei der Konfrontation mit Computern positiv sein kann, weil Jugendliche nicht erst »alte« Arbeits- und Denkabläufe durch »neue« ersetzen müssen, wird ihnen an anderer Stelle zum Verhängnis. In den von der Erwachsenenwelt vereinnahmten Sphären, wie Politik und Wirtschaft, wird ihnen weitgehend Kompetenz abgesprochen.

In den neunziger Jahren des letzten Jahrhunderts eröffnete eine Kandidatin der SPD für das Amt der Bundesministerin für Familie, Senioren, Frauen und Jugend, Heidi Schüller, eine für ihre Karriere sehr abträgliche Diskussion um das Wahlrecht für ältere Menschen. Sinngemäß ging es darum, ob denn alte Menschen, wenn bei ihnen beispielsweise Demenzerkrankungen festzustellen seien, überhaupt noch in der Lage wären, im Sinne einer mündigen Entscheidung an der Wahl teilzunehmen. Nicht nur wurde schnell das Ende einer politischen Karriere eingeläutet, sondern auch diese Frage von der politischen Agenda genommen. Im Klartext heißt dies, daß Jugendliche erst mit 18 Jahren als tatsächlich politisch mündig eingeschätzt werden, während die Skala nach oben offen ist [2].

Nun will ich keine unsinnige Debatte über Intelligenzquotient, Reife, Alter, Urteilsfähigkeit und Wahl heraufbeschwören, sondern schlicht nur festhalten, daß Kindern und Jugendlichen - also den Trägerinnen und Trägern der zu lebenden Zukunft - per se weniger Vertrauen in ihre Urteilsfähigkeit zugestanden wird als Erwachsenen. Oder anders ausgedrückt: Dem werdenden gesellschaftlichen Sein gestehen wir weniger Kompetenz zu als dem etablierten. Bezogen auf parlamentarische Wahlen hat dies durchaus ernstzunehmende negative Konsequenzen, denn wir alle wählen interessengeleitet, selbst wenn wir nicht teilnehmen. Vielfach ist das Interesse die Gestaltung der eigenen Zukunft. Nun lebt statistisch gesehen ein Fünfzehnjähriger länger als ein Sechzigjähriger. In den sogenannten entwickelten Ländern wie Deutschland sind rund 20% der Bevölkerung unter 20 Jahre, während 15 bis 20% über 60 Jahre alt sind (vgl. Joas 2001, 491). Die Prozentverhältnisse werden sich weiter zuungunsten der jungen Generation verschieben.

Der Deutsche Bundesjugendring schreibt 1998 vor der Bundestagswahl in seinem so genannten „Regierungsprogramm der Jugend», man könne den Eindruck gewinnen, daß die Rentenversicherung allein die Realisierung des Generationenvertrags gewährleiste. Aufgabe der Generationen ist es aber nicht nur, eine gesicherte Altersexistenz zu erarbeiten, sondern auch Lebenschancen zu eröffnen und eine lebenswerte Umwelt für die junge Generation zu erhalten (vgl. Bundesjugendring, 1998, S. 5).

Nun soll den älteren oder auch kranken Menschen nicht das weggenommen werden, was ihnen zusteht, doch sei darauf hingewiesen, daß zwei Drittel der Ausgaben, die für die Volksgesundheit aufgebracht werden, das letzte Lebensjahr betreffen; auch das Altern soll mit der Gentechnologie aufgehalten oder gar umgekehrt werden (vgl. Breyvogel 1999, S. 5). Das wird sicherlich auch den heute noch Jüngeren zu Gute kommen, doch werden sie, wenn die derzeitigen Tendenzen sich fortgesetzen, sich immer mehr einem Zwei-Klassen-Renten und -Krankensystem und einer ebensolchen Gesellschaft gegenüber sehen.

Der Altruismus geht nicht so weit, die Altersvorsorge über Generationen zu sichern, obwohl dies gebetsmühlenartig gern zu jeder Zeit von den jeweiligen Bundesregierungs-Konstrukteuren behauptet wird. Zugestanden wird von den »Verantwortlichen« nur, daß das heutige Niveau nicht zu halten ist. Private Vorsorge wird deshalb als »Zauberwort« für die Leerstelle hochgehalten. »Wer verantwortlich ist, spart für die Zukunft, wer nicht, ist selber Schuld«, heißt das im Klartext. Junge Menschen sind in diesem Prozeß ausgeklammert.

Der Prozeß »Zukunft« könnte eine andere Dimension gewinnen, wenn Kinder und Jugendliche (hier nach KJHG Menschen bis zu ihrem 18. Lebensjahr) generell in irgendeiner Form bei Wahlen beteiligt würden (z.B. zusätzliches Stimmrecht für die Eltern oder Herabsetzung des Wahlalters).

Als der Kinderreichtum noch wesentlich breiter verteilt war als heute, waren Kinder und Jugendliche insofern berücksichtigt, als die Interessenlagen der Menschen ähnlich waren.

Seit Beginn des 20. Jahrhunderts nimmt der Anteil kinderloser Frauen und damit auch heterosexueller Partnerschaften in fast allen Industriestaaten zu. Von den Frauen des Geburtsjahrganges 1935 blieben 9% kinderlos, 1945 13%. Bei den Geburtsjahrgängen 1955, 1958 und 1961 gibt es jeweils 21%, 23% und voraussichtlich 24% kinderlose Frauen; die Tendenz ist weiterhin steigend (s. Kaufmann, zit.n. Joas 2001, 307). Gründe für den Aufschub des Kinderwunsches oder das gezielte Kinderlos-Sein bei Frauen sind Erwerbstätigkeit und damit verbundene Rollenkonflikte, schlechtere Karriereaussichten, vor allem aber Angst vor Arbeitslosigkeit.

Diese prozentualen Verschiebungen und das Sinken der Fertilitätsrate haben Konsequenzen für politisches Denken bei den Individuen. Platt formuliert: Die Interessen von Menschen mit Kindern sind in der Regel andere als die von Menschen ohne Kinder.

In Japan gibt es ein Sprichwort, das lautet: »Arme haben die Kinder, Reiche die Rinder.« Die Illustrierte »stern« titelte am 3.5.2001: »Die Politiker entdecken ihr Herz für die Familie - Sind Kinderlose jetzt Sozial-Schmarotzer?« Kinder sind heute als ökonomisches Thema, das gern emotionale sowie ideologische Verklärungen erfährt, in der Diskussion. Im Sinne zukünftiger Gestaltung sind sie ausgeklammert, weil sie in der Gesellschaft immer weniger zur Normalität gehören.

In Deutschland gelten 2,8 Millionen Kinder und Jugendliche als arm. Jedes fünfte Kind und jeder fünfte Jugendliche wächst in Armut auf (vgl. Klocke/Hurrelmann, zit.n. Kamensky et al 2000, 15). Eine Million Kinder sind im Sozialhilfebezug. Damit sind Kinder ein Armutsfaktor. 1995 lebten in Westdeutschland 31% der Familien mit drei und mehr Kindern in Armut, in Ostdeutschland 46% (s. Kamensky et al 2000, 17). Vor dem Hintergrund der Individualisierungsdebatte steckt in diesen Zahlen insbesondere dann zusätzlicher Sprengstoff, wenn kinderreiche Familien, die in Armut leben, mehr politisches Gewicht aufgrund von Überarbeitungen des Wahlrechts bekommen sollten als Menschen ohne Kinder. Wenn Kinder als individueller Risikofaktor Eltern zugeschrieben werden (»Die hätten doch nicht so viele Kinder kriegen müssen!«), beginnt die Diskussion aber bereits schief zu werden. Ökonomische Kosten und gesellschaftliche Zukunft werden zwar gern »in einen Topf geworfen«, doch führt die Ökonomisierung von Kindern in die Irre. Wenn es auch wie ein Zirkelschluß klingen mag, so bleibt letztendlich die Feststellung: Die Erhaltung des Lebens, die Produktion von Gütern, Dienstleistungen etc. erfordert Menschen, ohne Nachwuchs gingen in 50 bis 100 Jahren die Lichter aus ... oder wir warten auf die Gentechnolgie, die den Auserwählten ein ewiges Leben bringe.

Könnte die Variante »radikale Herabsetzung des Wahlalters« Abhilfe schaffen, um Kindern Gewicht im Prozeß »Zukunft« zu geben? Setzt verantwortliches Tun ein bestimmtes Alter voraus?

Im Kinder- und Jugendhilfegesetz (KJHG, §8 Abs.1) heißt es, daß Kinder und Jugendliche entsprechend ihrem Entwicklungsstand an allen sie betreffenden Entscheidungen der öffentlichen Jugendhilfe zu beteiligen sind.

Warum aber dürfen erst Volljährige wählen? Heißt »minderjährig«, den oder die darf ich nicht für »voll« nehmen? Wer wählen darf oder nicht und ab wann, gehört der Wertsphäre an. Männer hatten in Deutschland bis 1919 das alleinige Wahlrecht. Männerherrschaft, die als rational begründet galt, gab bis dahin den Ausschlag. Erst das zunehmend massenhaft wirksame Selbstbewußtsein der Frauen ließ die alleinige Männerherrschaft brüchig werden. Heute sprächen wir von einer außerparlamentarischen Bewegung, die parlamentarische Beschlüsse bewirkt. Anfang der siebziger Jahre des 20. Jahrhundert setzten die politisch Verantwortlichen das Wahlalter vom 21. auf das 18. Lebensjahr herab. Mündigkeit gewann eine neue Fülle, ein anderes »Voll«-Sein.

Ein Rechtsakt auf Gleichheit garantiert jedoch noch keine Gleichheit im alltäglichen Sein. Die Geschichte um die Gleichberechtigung der Frauen beweist dies par excellence. Die Macht des Faktischen ist nur äußerst schwer zu durchbrechen. Die meisten Ungleichheit bedingenden Faktoren haben Menschen selbst geschaffen und halten sie aufrecht. Was für Jugendliche in diesem Zusammenhang bleibt, ist, daß das Wahlalter in seiner Setzung zumindest heikel ist.

Jugendliche mit Verantwortung

Wer den Altersaspekt bei Jugendlichen thematisiert, spricht von Verantwortungsübernahme: Sind Kinder und Jugendliche in der Lage, bei gesellschaftlichen Entscheidungen mitzubestimmen? Nicht nur für den Jugendforscher Münchmeier ist das Lebensaltersmodell von Jugend nur scheinbar eindeutig. Die Vergesellschaftung der Jugend ist dabei wichtiger als das Lebensalter (s. Münchmeier 2001, 101). Vergesellschaftung bedeutet in sehr entscheidendem Maß, in die (post-) moderne Sozialisationsinstanz Erwerbsarbeit eingeführt zu werden. Jugend kann sich in diesem Prozeß weniger als früher auf konventionelle Orientierungen verlassen. »*Sie wird aus der Generationenabfolge herausgelöst und freigesetzt.*« (Münchmeier 2001, 102) Sie ist gezwungen, ihre eigene Biographie zu gestalten, ohne auf »bewährtes« Erfahrungswissen zurückgreifen zu können. Wenn wir heute von der Krise der Arbeitsgesellschaft sprechen, also daß der Arbeitsgesellschaft die Arbeit ausgehe, so ist die Jugendphase bezüglich der »Sozialisationsinstanz Erwerbsarbeit« ebenfalls problematisch. Die Zerbröselung der Sphäre der Erwerbsarbeit hat unweigerlich massive Konsequenzen für die (Un-) Glaubwürdigkeit der aktuellen Elterngenerationen. Jugendliche können sich immer weniger an Erwachsenen orientieren und werden obendrein noch mehr auf ihre Altersgruppe zurückgeworfen. Das verlängerte Schülersein trägt zudem zur Entmischung der Generationen bei, weil erwerbsbedingte Erfahrungsräume zwischen den Generationen altersmäßig nach hinten verlagert werden. Das Reiben an Älteren entfällt, Jugend wird zum Maßstab der Jugend (s. Münchmeier 2001, 106f). Somit hat sich die Schere zwischen Jugend und Erwachsenen weiter geöffnet. Jugendlichen wird in der Gestaltung ihrer eigenen Biographie eine Eigenverantwortung zugeschoben, die in der Arena der Erwachsenen und der »Großen Politik« im Sinne eines Vorlebens kein Äquivalent hat.

Gesellschaften sind durch Menschen geschaffene und veränderte Kollektivsysteme. Die Bindungen innerhalb dieser Kollektivsysteme wandeln sich, denn Menschen müssen sich in physischer, historischer und auch gesellschaftlicher Hinsicht der sich ändernden Umwelt anpassen. Kultur ist und war immer ein Kompromiß verschiedener Subkulturen oder ehemals eigener Kulturen. Die zunehmende Arbeitsteilung zwischen Menschen und Gesellschaften führt zu einer weiteren Fragmentierung von Erlebtem und Wissen, läßt konkrete kulturelle Bindungen zunehmend aus dem Alltag verschwinden. Wesentlich dabei ist, daß Anforderungen an Menschen in unserer heutigen Gesellschaft bestehen, für die keine Kompetenz über die eigene Geschichte erworben wurde, Lösungsfragen werden individualisiert [3]. Zwei Realitäten werden deutlich: Jugendliche erleben über das Alltagsbewußtsein der Mehrheit der Erwachsenen, die etwa ihr 50. Lebensjahr erreicht oder überschritten haben, Einschätzungen und Werthaltungen, die in vielen Teilen für sie nicht mehr lebbar sind, und werden zudem mit einer Arbeitswelt konfrontiert, die Konträres erfordert. Dies soll nicht darüber hinwegtäuschen, daß Verhaltensweisen von Jugendlichen in hohem Maß von Schichtzugehörigkeit, Geschlecht, sozialmoralischen Milieus, Schulbildung usw. geprägt sind, so daß die Unterschiede zwischen den Jugendlichen untereinander größer sein können als zwischen Jugendlichen und Erwachsenen (vgl. Roth/Rucht 2000, 284) [4]. Strukturell aber bleibt, daß die Sphäre der Erwerbsarbeit Verhaltensweisen erfordert, die sich biographisch gesehen massenhaft erst in jüngerer Zeit aufgetan haben.

Ein Unterschied, der sich zwischen Erwachsenen und Jugendlichen im Generationenwechsel immer wieder auftut, ist der des »unterschiedlichen Denkens«. Kindern und Jugendlichen halten wir einen Mangel an Reife und Verständnis für politische Fragen vor. Jugendliche haben, so der Münchner Psychologe Oerter, Fähigkeiten zum formallogischen Denken. Politisches Denken erfordert komplexes und dialektisches Denken, zu dem Jugendliche weniger oder kaum fähig sind. Insbesondere bei der Lösung von Widersprüchen, die sich nicht logisch aufheben oder bearbeiten lassen, wenden Jugendliche (bis 18 Jahre) fast nie dialektisches Denken an. Bei politischer Mitentscheidung dürfe dialektisches Denken nicht zu gering veranschlagt werden, weil ein wesentlicher Prozeß politischer Arbeit darin bestehe, über gegensätzliche Positionen zu verhandeln, diese herauszuarbeiten und miteinander zu versöhnen (s. Oerter 1998, 36).

Mit diesem Befund gibt sich Oerter jedoch noch nicht zufrieden, sondern nennt zwei Bestimmungsgrößen: fluide und kristalline Intelligenz. Fluide Intelligenz bedeutet, kultur- und wissensunabhängige Leistungen mit hoher Verarbeitungsgeschwindigkeit zu erbringen. Diese ist bei Jugendlichen schon voll entwickelt; erreicht gar den Höhepunkt. Kristalline Intelligenz umschließt das im Laufe des Lebens übernommene kulturelle Wissen. Beide Intelligenzkomponenten haben mit Entscheidungsfähigkeit zu tun. Die kristalline Intelligenz, die als lebenslanger Enkulturationsprozeß zu verstehen ist, ist jedoch noch nicht im Sinne der komplexen Entscheidungsfindung bei Jugendlichen voll ausgeprägt, weil Wissen für Analogiebildung fehlt. Denkprozesse funktionieren nicht nur mit Wissensinhalten, sondern sie bauen sich bereichsspezifisch und in steter Wechselwirkung mit dem Wissenserwerb auf (s. Oerter 1998, 36f). Wenn mit Oerter die Vermutung hinzugenommen wird, daß Wissen auch hinderlich sein kann, weil bekannte Problemlösungsstrategien neue Erkenntnisse bzw. Lösungswege verhindern, wird eine Differenzierung immer schwieriger. Mit zunehmendem Alter werden in Denkprozessen »alte« Pfade beschritten, die Rechtfertigung z.b. von Armut zulassen (Selbstschuldzuweisung) oder neue Lösungswege behindern oder blockieren. Allerdings sind die Unterschiede innerhalb der Altersgruppen oft größer als zwischen den Altersgruppen (s. Oerter 1998, 38).

Das von Oerter Dargelegte scheint plausibel: Denkprozesse können nicht ohne Wissen stattfinden, mehr Wissen schafft die Plattform für die Bewältigung komplexerer Entscheidungen im Sinne dialektischer Problembewältigung. Jugendliche können aufgrund »geringeren« Wissens kreativere Lösungen befördern, doch fehlt die letztendliche Grundlage für weittragende Entscheidungen.

Sozialisation bedeutet das Einleben in eine Kultur. Nach Postman können spezialisierte Fähigkeiten nur durch eine allgemeinere Kompetenz erreicht werden, womit für ihn die ökonomische Nützlichkeit ein Nebenprodukt einer guten Erziehung ist (s. Postman 1995, 50). Postman erhebt damit, ähnlich wie auch Oerter, ohne es direkt zu benennen, ein Plädoyer für eine breite Allgemeinbildung. Daraus ist zu folgern, daß erst sie ein möglicher Garant für das Durchdringen komplexer Prozesse ist.

Sind aus den Gedanken um Denkprozesse markante Differenzen für unter oder über Achtzehnjährige abzuleiten? Ein klares »Ja/Nein« ist die Antwort. Ähnlich wie schon zum Wahlalter ausgeführt bilden weder junge noch ältere Menschen einen monolithischen Block. Es können folglich »nur« Anhaltspunkte geliefert werden, die Differenzen benennen. Im Idealfall können sich unterschiedliche Denkweisen ergänzen. Dies kann aber nur gelingen, wenn dieser Prozeß nicht per se vermachtet ist, also Jugendliche ihre Möglichkeiten haben, sich in die »große Politik« einzubringen und auch beispielsweise ältere Menschen bei Fragen zu Kindern und Jugendlichen sich nicht nur deshalb als Expertinnen und Experten betrachten, weil sie auch »mal jung waren«. Verhaltensweisen und Äußerungen Jugendlicher müssen nach dieser Denkfigur als Gradmesser für gesellschaftliche Umbrüche stehen, denn sie repräsentieren die Zukunft.

Politikerverdrossenheit und andere Politik

Von der älteren Generation wird gern und oft von Politikverdrossenheit der Jugend gesprochen, denn sie zeige kein Engagement mehr. Auch wird fehlendes kontinuierliches Engagement in Kirchen und Vereinen beklagt. Politikverdrossenheit bedeutet im alltäglichen Sinn, daß die Politik, die von denen »da oben« gemacht wird, viel zu abgehoben sei.

Im Jugendsurvey des Deutschen Jugendinstituts (DJI), das auf standardisierten mündlichen Jugendbefragungen (16 bis 29 Jahre) aus den Jahren 1992 und 1997 basiert, wird festgestellt, daß im Vergleich zu Erwachsenen neben lebenszyklisch bedingten Differenzen in vielen Bereichen keine drastischen Unterschiede festzustellen seien, die von einer umfassenden Politikverdrossenheit ausschließlich der Jugend zeugen würden (s. Gaiser et al 2000, 22). Das geringste Vertrauen bei Jugendlichen genießen nach dem DJI-Jugendsurvey die Institutionen der etablierten Politik und hier insbesondere die politischen Parteien (s. Gaiser et al 2000, 18f). Ein politisches Interesse junger Menschen, welches als die zentrale Voraussetzung für politisches Engagement angesehen werden kann, stellt sich laut DJI nur bei rund einem Fünftel der befragten Jugendlichen als »stark« oder »sehr stark« dar (s. Gaiser et al 2000, 13).

Der rheinland-pfälzische Staatssekretär im Ministerium für Kultur, Jugend, Familie und Frauen, Hofmann-Götting, beendet einen Artikel zum Thema »Der Jugend eine Zukunft« mit, wie er schreibt, zwei grundsätzlichen Botschaften:

»Erstens: Die Jugend wird nur die Partei erreichen, die kontinuierlich mit ihr spricht und dabei Glaubwürdigkeit im Handeln beweist.«

Zweitens: Junge Menschen erwarten eine Politik, die ihnen Chancen für ihre Zukunft bietet. Nur wer der Jugend eine Zukunft weist, hat selbst eine.« (Hofmann-Götting 2000, 32)

Sowohl bei dem DJI-Survey als auch bei Hofmann-Götting findet primär ein Politikbegriff Anwendung, der die »große Politik« in das Zentrum stellt. Die Einrichtungen der »großen Politik« werden nicht substantiell in Frage gestellt, sondern sollten sich entsprechend der jugendlichen Bedürfnisse ausrichten. In den meisten Jugendstudien wird herausgearbeitet, daß die »große« oder »etablierte« Politik ein sehr geringes Vertrauen bei Jugendlichen habe und Arbeitslosigkeit sowie persönliche und gesellschaftliche Zukunft vornehmlich Probleme markierten (s. z.B. Gille et al: DJI-Jugendsurvey-2 2000; Palenthien/Hurrelmann 1998; 13. Shell-Jugendstudie 2000).

Sehr viele Erwachsene haben sich daran gewöhnt und damit auch ihren Kindern vorgelebt, daß Politik von »denen da in Berlin oder sonstwo« gemacht wird. „Politik ist das, was Berufspolitiker machen», so überschreiben Oskar Negt und Alexander Kluge in ihrem Buch »Maßverhältnisse des Politischen« (Negt/Kluge 1992, 42ff) einen Abschnitt. Politik ist damit Expertinnen, vor allem aber Experten übertragen. Sie sprechen in unserem Namen, also für uns, die Wählerinnen und Wähler. Stellvertreterpolitik ist der gängige Alltagsbegriff dafür. Diese Politik lassen wir für uns agieren.

»Im vorherrschenden Sprachgebrauch wird unter Politik das verstanden, was Politiker machen. (...) Hierzu gehören alle institutionellen Felder der Politik von der Gemeinde bis zur UNO. Jeder erkennt im Fernsehen, und auf den ersten Seiten der Tagespresse, wenn die Politik spricht. Ihr Gegensatz sind Unterhaltung, zum Teil das Lokale, die Künste, das Private, die industrielle Produktion, der Alltag, der chaotische Zustand oder die außergewöhnliche Lage, die durch die Netze des Politischen schlüpfen usf., außerdem eine Zone, die den Fachleuten vorbehalten ist, sowie die ´Sphäre der besonderen Gewaltverhältnisse´, die von der Politik unbeherrscht bleiben.« (Negt/Kluge 1992, S. 42)

Wir haben es mit einem arbeitsteilig entwickelten Sachbereich Politik zu tun, denn die Zuweisung zum Politischen basiert auf dem Prinzip des Mehrheitsinteresses. Im weiteren ihrer Ausführungen ziehen Negt/Kluge Max Weber heran, der den Begriff des Politischen illustrativ durchaus sehr weit faßt, indem er „sogar von der Politik einer klugen Frau, die ihren Mann zu lenken trachtet», spricht. Letztlich steckt in dieser Bemerkung, daß alles politisch sei.

Insofern muß unterschieden werden zwischen dem politischen Handeln im politischen oder gegen das politische System und dem alltäglich Politischen. Die Sphäre, die die Jugendlichen am ehesten bedienen bzw. die ihnen am nächsten ist, ist die des alltäglich Politischen.

Jugendliche befassen sich weniger mit dauerhaften politischen Vorgängen, weil sie ihnen »verwaltet« und unübersichtlich erscheinen. Die aktuelle Form der Politikbearbeitung gehört für sie einer anderen Generation an. Sie vertreten für sich eher sozial und moralisch überzeugende Aktionen wie die von Greenpeace oder Robin Wood, weil sie in der Art des Hervorbringens nicht »die Schere im Kopf« erfordern oder dem Kompromiß des politischen Alltagsgeschäfts anheim fallen (s. Renten- und Steuerpolitik der Bundesregierung). Sie lehnen sich dann am ehesten auf, wenn es ihre Wertsphäre und Lebenswelt direkt betrifft. Ungerechtigkeiten in ihrer Nähe können dies genauso sein wie Angst aufgrund des terroristischen Anschlags auf das World Trade Center und das Pentagon und deren Folgen.

Engagements von Jugendlichen sind heute nicht mehr voraussetzbar, sondern entstehen eher spontan mit Gleichgesinnten. Der Sinn ist die Hauptantriebskraft. Der Ausstieg aus sozialen Aufgaben ist oft mehr eine Entscheidung für den Konsum als gegen soziales Engagement, weil eine direkte Befriedigung für sie höher zu werten ist als ein Warten auf das »Irgendwann«. Auch die Freizeitindustrie tut ein Übriges hinzu, indem sie massenhaft »Potemkinsche Dörfer« produziert, ohne daß die Jugendlichen vorher gelernt haben, warum der »Schein« wichtiger als das »Sein« ist. Die Scheinwelt verkörpert damit die »Welt«. Sendungen wie »Big Brother« oder »Gute Zeiten - schlechte Zeiten« bringen diese Realität »ins Haus« und erzeugen neue Verhaltensweisen oder bestärken bestehende Ansätze.

»Je mehr Konsumangebote es gibt, desto größer wird der subjektive Zeitdruck und desto geringer ist die Engagementbereitschaft. Auf eine eine einfache Formel gebracht: Mehr Konsumangebote = mehr Unverbindlichkeit = weniger freiwillige Mitarbeit (Heinemann/Schubert 1992).« (Opaschowski 1999, 173).

Jugendliches Engagement ist wesentlich zwangloser, zeitlich begrenzter, inhaltlich offener und zugleich weniger vom Helfersyndrom geprägt. Der Ich-Bezug muß bei einer Freiwilligkeit des Engagements erhalten bleiben (s. Opaschowski 1999, 175). Wie bei vielen Leistungen erwarten Jugendliche heute offenbar eine sofortige Bestätigung für ihr Tun. Aufgrund der Fragmentarisierung von Gesellschaft gewinnt die Einlösung in ferner Zukunft immer weniger Bedeutung. Soziales Engagement gewinnt zudem die Qualität, auf Abruf bereit zu stehen. Jugendliche wollen sich demnach immer weniger ungefragt einmischen, sondern für ihre Hilfe angefragt werden. Altbewährte Ergänzungsverhältnisse müssen neu überdacht werden. Es sind Synchronisationslücken bezüglich freiwilliger sozialer Arbeit entstanden, die staatliches Handeln nicht mehr kompensieren (s. Keupp 2000, 21).

Hintergrund für die heutige Situation ist das »Wirtschaftswunder«: Bereits in den fünfziger Jahren des 20. Jahrhunderts wurde eine bis dahin unbekannte Individualisierungswelle eingeleitet, deren Voraussetzung zur freien Entfaltung ein hoher Lebensstandard mit einer hohen wohlfahrtsstaatlichen Absicherung war. Die Kehrseite dieser Entwicklung beinhaltet, daß die Menschen heute nicht mehr so sehr - derzeit allerdings wieder deutlich zunehmend - an materieller Not, sondern an seelischer Armut, einem Mangel an Zeit, Sinnhaftigkeit und Geborgenheit leiden. Dem steht das duale soziale Dienstleistungssystem gegenüber, das einerseits aus hochspezialisierten Hilfen und andererseits aus unbezahlten Eigenhilfen besteht, die über primäre soziale Netze getragen werden sollen (s. Finkeldey, 1995a, 312). Als Folge der Individualisierung hat sich ein neuer Typus von Sozialbeziehungen entwickelt, der im Vergleich zu traditionellen Formen zwangloser, vielseitiger, zeitlich und sachlich eingegrenzter und beweglicher sowie von weniger Helferpathos geprägt ist (vgl. Keupp 2000, 30). Unsere Gesellschaft ist zunehmend dadurch geprägt, daß voneinander unabhängige Individuen freiwillige Austauschverhältnisse schließen. Der angeborene Status bildet nicht mehr unbedingt die Verbindung zwischen den Menschen, sondern eher der Austausch von Äquivalenten.

»Die konkreten persönlichkeitsbezogenen Statusbeziehungen, die früher das Überleben sicherten, sind (bis auf einen familienrechtlichen Restbestand) erloschen.« (Tönnies 1998, 62)

Vertrauen und Gerechtigkeit gewinnen über die »neue Form« des Tauschs eine andere Wertigkeit. Vertrauen im Sinne eines Vertrags löst Vertrauen als Verhaltenssicherheit ab. Die Umbewertung geht in die Richtung eines Tauschwerts, der einen punktuellen Gebrauchswert haben muß.

Während jüngere Menschen eher situationsbezogen agieren, haben ältere eine eher ziel- und zweckgerichtete Motivation. Jugendlichen machen somit auch eher traditionelle Organisationsstrukturen Angst, weil sie nicht im Sinne eines Dienens oder Hochdienens vereinnahmt werden wollen (s. Keupp 1999, 61). Soziales und politisches Engagement kommen nur dann zum Tragen, wenn sie mit biographischen Wünschen zusammentreffen. Aufgrund anderer gesellschaftlicher Erfahrungen und dem Einleben in andere gesellschaftliche Standards müssen Jugendliche ihr Leben anders führen als vorherige Generationen.

Folglich sollten wir Gelegenheiten schaffen, die eine Neubestimmung des Verhältnisses von Jugendlichen und Politik beinhalten. Um diesen aber eine Aussicht auf Erfolg einräumen zu können, darf die Denkbewegung nicht von der Politik zu den Jugendlichen gehen, sondern sie muß den umgekehrten Weg nehmen. Jugendparlamente, -beiräte, -foren oder Kinderbeauftragte können nur dann eine direkte Einflußnahme von Kindern und Jugendlichen befördern, wenn der tatsächliche Ausgangspunkt ihrer Denkfigur die Jugendlichen selbst sind [5].

Gewalt als politischer Ausdruck

Autoren wie Palenthien und Hurrelmann sehen zu Recht die Gefahr in zunehmender Politkerverdrossenheit, die zu einer Politikverdrossenheit der Jugendlichen und damit zu einer Staatsverdrossenheit führen könne (s. Palenthien/Hurrelmann 1998, 25). Die Staatsverdrossenheit mündet in Teilen der Bevölkerung bereits in eine Eigengesetzlichkeit. D.h., es gibt immer mehr »Zonen«, in denen die herrschenden Normen, Werte und Gesetze nur mehr eine untergeordnete Rolle spielen. Hans Magnus Enzensberger hat in seinen »Aussichten auf den Bürgerkrieg« diesen Fakt essayistisch sehr treffend herausgeschält. Er schreibt, daß jedes Gemeinwesen, auch das reichste und friedlichste, fortwährend neue konkrete Ungleichheit, Kränkungen des Selbstgefühls, Ungerechtigkeiten, Zumutungen und Frustrationen aller Art produziere (s. Enzensberger 1993, 49). Unter Bürgerkrieg versteht Enzensberger nicht nur solche an der Oberfläche liegenden Kriege bzw. Konflikte wie beispielsweise in Nordirland, sondern ‚den Krieg aller gegen alle' (s. Enzensberger 1993, 17).

Zur Illustration, zum besseren Verständnis und zum Herausarbeiten von verschiedenen Realitätsebenen sei eine längere Passage von Enzensberger zitiert:

»Der Anfang ist unblutig, die Indizien sind harmlos. Der molekulare Bürgerkrieg beginnt unmerklich, ohne allgemeine Mobilmachung. Allmählich mehrt sich der Müll am Straßenrand. Im Park häufen sich Spritzen und zerbrochene Bierflaschen. An den Wänden tauchen überall monotone Graffitti auf, deren einzige Botschaft der Autismus ist: sie beschwören ein Ich, das nicht mehr vorhanden ist. Im Schulzimmer werden die Möbel zertrümmert, in den Vorgärten stinkt es nach Scheiße und Urin. Es handelt sich um winzige, stumme Kriegserklärungen, die der erfahrene Städtebewohner zu deuten weiß.

Bald macht sich die Sehnsucht nach dem Ghetto mit deutlicheren Signalen Luft. Reifen werden zerstochen, Nottelefone mit der Drahtschere unbrauchbar gemacht, Autos angezündet. In spontanen Handlungen drückt sich die Wut auf das Unbeschädigte aus, der Haß auf alles, was funktioniert, der mit dem Selbsthaß ein unauflösliches Amalgam bildet. Die Jugendlichen sind die Vorhut des Bürgerkriegs. Das liegt nicht nur an dem normalen physischen und emotionalen Energiestau der Adoleszenz, sondern auch an der unverständlichen Erbschaft, die sie vorfinden, an den unlösbaren Problemen eines trostlosen Reichtums. Doch ist alles, was sie exekutieren, latent auch bei ihren Eltern vorhanden: eine Zerstörungswut, die nur notdürftig in gesellschaftlich geduldeten Formen kanalisiert wird, als Autowahn, Arbeits- und Freßsucht, Alkoholismus, Habgier, Prozeßwut, Rassismus und Familiengewalt.

Von wem in diesem Gemenge der Aggressionen die Gefahr ausgeht, ist schwer zu sagen. Die Wahrnehmung kippt wie bei einer optischen Täuschung von einem Augenblick zum anderen um. Einer, der kein Auto fährt, erzählt: ,Wenn ich spät abends in die S-Bahn steige, passiert folgendes. Der Wagen ist schwach besetzt und schlecht beleuchtet. Ein alter Mann schläft in seiner Ecke, ein paar Angetrunkene unterhalten sich am anderen Ende des Abteils. Die Leute neben mir sind vielleicht zwei Angestellte, die Überstunden gemacht haben. Der Zug hält und es steigen vier Kerle um die zwanzig ein. Die üblichen Lederjacken, die üblichen Stiefel. Sie sind ziemlich laut und reden in einer Sprache, die ich nicht verstehe, vielleicht Arabisch. Ihre Haltung ist herausfordernd, sie bewegen sich durch den Wagen, als seien sie auf der Suche nach Opfern. Sie kommen näher, und sofort fühle ich mich bedroht. Sie fixieren mich. Es kommt mir vor, als liege ein Überfall in der Luft. Dann gehen sie weiter, und mein Blick fällt auf die Gesichter der anderen Passagiere. Sie sind verbittert, wuterfüllt, von einer eigentümlich verzerrten Häßlichkeit. Die Sätze, die sie hervorstoßen, kenne ich nur zu gut. Sogar der alte Mann ist aufgewacht und murmelt etwas von Aufhängen und Abknallen. Nun sind es nicht mehr die Fremden, vor denen ich Angst habe, sondern meine Landsleute.'« (Enzensberger 1993, 51-54)

Eigengesetzlichkeiten finden sich offensichtlich auf beiden Seiten. Die einen überschreiten Normen und Gesetze, indem sie Graffitti sprayen, die von Enzensberger angelegte physische Gewalt auch ausführen, die anderen indem sie alte Zeiten heraufbeschwören, zur Lynchjustiz greifen wollen. Wer ist Opfer, wer ist Aggressor?

Für die »banlieues«, die Vorstädte, von Paris oder Lyon kann und konnte in Teilen von einer völligen Außerkraftsetzung der bestehenden Gesetzen berichtet werden. Der Film »La Haine« aus dem Jahr 1994 (deutscher Titel »Haß«, 1995) ist ein wahrhaft bildliches Zeugnis dafür [6]. Jugendliche fühlen sich durch die Exklusion aus der durchschnittlichen Gesellschaft nicht akzeptiert und entwickeln eigene »Gesetzlichkeiten«, die durch Gewalt getragen werden. Straßenschlachten zwischen Jugendlichen und der Polizei in Pariser Vororten sind ein Ausdruck davon. Während eines Verhörs durch die Polizei wird ein Jugendlicher, so der Filminhalt, lebensbedrohlich zugerichtet. Ein anderer Jugendlicher schwört daraufhin, daß er einen Polizisten töten werde, wenn sein Mitstreiter stürbe. Der Film schildert eine eindrückliche Exkursion in das Leben der »banlieues«, in denen die Jugendlichen einer hoffnungslosen Zukunft entgegensehen. In dem Film wird schonungslos die soziale Zeitbombe mit ihrer eskalierenden Gewalt auf der einen und auf der anderen Seite die Solidarität und Ohnmacht unter den Jugendlichen gezeigt.

Dietmar Loch, ein Bielefelder Gewaltforscher, schreibt von der Zerstörung eines als städtebauliches Musterbeispiel errichteten Einkaufszentrums in einem Lyoner Wohnviertel, das während der Jugendunruhen im Jahr 1990 als »Symbol der Ausgrenzung vom Konsum« galt (s. Loch 2000, 271).

Die in den »banlieues« von Paris oder Lyon lebenden Jugendlichen sind oder sehen sich über den Ausschluß aus durchschnittlichen gesellschaftlichen Standards gezwungen, ihr Leben anders zu führen als die der »Norm« entsprechenden Mitglieder der Gesellschaft. Dieses läßt sich dann sehr schnell als »abweichendes Verhalten« titulieren. Jedenfalls ruft es in weiten der Teilen der Bevölkerung das Gefühl von Fremdheit, Angst und Aggression hervor. Dies sind Merkmale, die primär zur Abgrenzung von einer zu einer anderen Kultur dienen.

»Das Konzept der Kultur macht die Lebensweisen von Gesellschaften und Gruppen als durch Menschen geschaffene und veränderte Kollektivsysteme verstehbar. Es fußt auf der Erkenntnis, daß Menschen sich an die physische, historische und gesellschaftliche Umwelt anpassen, daß Kulturen also adaptive Reaktionen auf Natur, Geschichte und gesellschaftliche Strukturen sind: Kultur und Umwelt bilden eine Interdependenzbeziehung. (...) Eine zunächst als fremd und ungeordnet wahrgenommene außergesellschaftliche Umwelt wird strukturiert und damit berechenbar. Fremdheit, Angst (...) werden so verarbeitet und erzeugen den Begriff von Kultur, der eine ehedem bedrohliche Situation strukturiert.« (Rommelspacher 1989, 94f)

Die eine Gesellschaft in Gänze betreffende Kultur wird wiederum durch zahlreiche Subkulturen getragen, die sich gegenüber der Definition von Kultur durch abweichende Normen, Werte und Verhalten kennzeichnet. Dieses Verhältnis läßt sich auch umgekehrt fassen, indem die Kultur einer heute existenten Gesellschaft als Kompromiß verschiedenster Subkulturen oder ehemals eigener Kulturen gefaßt wird.

Diese Variante der Beschreibung von Kultur erfährt durch weltpolitische Ereignisse im Jahr 2001 allerdings eine weitere Richtung, die in Teilen der Welt bereits als überholt galt. Einige »andere« Kulturen verlieren in der Konfrontation nicht mehr ihre mögliche Fremdheit, sondern rufen Bedrohung hervor, produzieren Angst. Die multikulturelle Gesellschaft sieht ihre Verbrüderung mit anderen Kulturen schwer erschüttert. Kultur und kulturelle Überformung sind damit wieder deutlich als mögliche Ursachen von Zivilisationsschädigungen benannt.

Jugendliche Gewaltausbrüche in der heutigen Form als Moment einer strukturellen Krise lassen sich nur schwer als »kulturmittragende« Phänomene begreifen. Doch sie sind ein historisch junger Ausdruck einer postmodernen Kultur und stehen somit per se in Abhängigkeit zu ihr. Jugendprotest ist damit eine

»(...) Abweichung von der herrschenden Kultur und eine, wenn auch partielle oder spiegelbildlich ins Negative gewendete Übereinstimmung mit ihrer Stammkultur.« (Rommelspacher 1989, 98)

Bezugsgröße bleibt damit die vorherrschende Kultur. Inwieweit sich trotzdem eigene kulturelle Werte entwickeln, kann nur im Einzelfall analysiert werden. An der generellen Aussage ändert sich jedoch nichts. Eine Längsschnitt- und Verlaufsanalyse ergibt, daß die Subkultur »Jugendgewalt« sich an gesellschaftlichen Bruchpunkten entwickelt. Über eine Querschnittanalyse, die jedoch in der Gefahr steht, nur die Aktualität als alleinigen Maßstab gelten zu lassen, ließe sich auch irrigerweise eine eigene Kultur nachweisen.

Was für das Soziokulturelle in den »banlieues« gilt, trifft abgewandelt für sehr viele Formen jugendlichen Ausdrucks zu: HipHop, Rap, Skins oder auch Graffitti. Die Jugendlichen fühlen sich durch die Ornamente und Verhaltensweisen der vorherigen Generationen in ihrer Ausdrucksvielfalt und damit auch ihrer Lebenswelt eingeschränkt. Sie erleben Schlafstädte in Vororten oder an Stadträndern, Bürotrutzburgen in den Innenstädten, Verwahrlosung in heruntergekommenen Stadtvierteln, Armut, Arbeitslosigkeit - die nicht von ihnen (mit-) gestaltete Welt. Sie sehen sich mit den sich ungehemmt ausbreitenden Ornamenten der Mac Donalds und Coca Colas konfrontiert, deren Produkte sie vielleicht sogar konsumieren. Die massive Präsenz der Werbung könnte sogar ihr Vorbild für das massenhafte Sprühen von Graffitti gewesen sein. In der Tierwelt wird so etwas Revierverhalten genannt. Sie wollen auch »WER« sein. Jugendliche suchen ihre Sprache, sie sehen in ihren Ausdrucksmöglichkeiten eine Chance, sich und anderen eine »Stimme« zu geben, den Marginalisierten oder Andersfühlenden, Andersdenkenden, Anderslebenden zu einem eigenen Ausdruck zu verhelfen. Viele Jugendliche wollen sich nicht kolonisieren lassen, obwohl sie sich wegen des Bezugssystems »herrschende Kultur« in einer ambivalenten Situation befinden. Die Reibung mit der »Normalität« befördert ihr Anderssein.

Jugendliche sehen darin bewußt oder unbewußt eine Antwort auf die in jeder (post-) modernen Gesellschaft vorhandene Gewalt des Faktischen. Die extreme Antwort lautet: »Macht kaputt, was euch kaputt macht.« Diese »Antwort« Jugendlicher kann - aber muß nicht - in den von Enzensberger genannten Autismus umschlagen. Diese Form des nicht mehr Wahrhaben-Wollens der Ursachen für Gewaltausbrüche hat »auf beiden Seiten« tatsächlich etwas Scheuklappenhaftes oder, wenn überhaupt keine Reflexion mehr stattfindet, auch Autistisches. Es wird nur an Symptomen herumkuriert und mit Eskalation von Gewalt auf Gewalt geantwortet.

Die extreme Form der Darbietung von Gewalt führt jedoch oft erst zu einer Aufmerksamkeit, einer Änderung, so daß die Gefahr einer Spirale von Gewalt entsteht: Gezielte Gewalt als »Mittel der Veränderung«, weil durchschnittliches Einbringen in etablierte Politikprozesse weniger erfolgreich erscheint als zunächst massives. Folge der Lyoner Jugendunruhen war die Gründung eines Vereins von Jugendlichen. Interessenartikulation hieß für sie:

»Doch wir haben niemals etwas erreicht, ohne Druck auszuüben. (...) Aus der Distanz betrachtet, sind wir uns darüber klar geworden, dass man uns dann in diesem Kräfteverhältnis hielt.« (Jugendlicher aus Lyon, zit.n. Loch 2001, 270)

Ohne vorherige gewalttätige Unruhen hätte der Verein der Jugendlichen als intermediäre Instanz wahrscheinlich keine Geltung bekommen. Dieser sich äußernden Jugendgewalt steht strukturell, in ihrer Durchsetzung dann auch physisch, die legale Gewalt gegenüber. Sie kann allerdings für von ihr Betroffene durchaus als illegitime Gewalt verstanden werden. Die Wertgebundenheit von Gewalt wird dabei virulent: Sitzblockaden vor Militäreinrichtungen, verbotene Demonstrationen gegen Atomkraftwerke oder auch Proteste gegen Castor-Transporte. Einige gezielte Gesetzesübertretungen haben zu einer Änderung der juristischen Betrachtung beigetragen. Legitimer - aber illegaler Protest - wurde legal, weil sich Wertigkeiten in der öffentlichen Wahrnehmung und Bearbeitung gewandelt haben.

Das Wesen einer demokratischen Gesellschaft ist Dynamik. Auch die »Große Französische Revolution« von 1789 »fraß nicht nur ihre Gegner, sondern auch ihre eigenen Kinder«. Die Betrachtung der Ambivalenz von Gewalthervorbringung und Gewalt selbst gibt erst Aufschlüsse, die zu einer zukünftigen Deeskalation von Gewalt beitragen können. Gewalt läßt sich weder durch Ignoranz noch dauerhaft durch Gewalt bekämpfen. Großbritannien und Nordirland sowie Israel und Palästina sollen für viele andere »Fälle« genannt sein.

Ein anderer Teil der Jugendlichen huldigt dem Konsum, sonnt sich letztlich in dem von ihrer Elterngeneration Geschaffenem. Illies, ein recht junger Feuilletonist, steht mit seinem Buch »Generation Golf« (Illies 2000) par excellence dafür. Mit seinem durchaus pfiffig dargelegten Inhalt, der zwischen »so ist es« und »hier hat er doch mächtig überzogen« bei den Lesern ankommen mag, bietet er eine Beschreibung seiner hedonistischen Generation. Er laviert zwischen realen Fetzen, Ironie und comedyhafter Verklärung. Er trivialisiert alles. So charakterisiert er die »Golfs« als oberflächlich, als Markenfetischisten, als völlig distanzlos zur Werbung (Illies 2000, 27f) oder einfach mit einem Haarwaschmittelslogan »*Weil ich es mir wert bin.*« (Illies 2000, 56) Illies reduziert gesellschaftliche Probleme auf den Mikrokosmos des Sich-Wohlfühlens.

»Die Lindenstraße vergrößert auf unangenehme Weise die Komplexität der Welt. Gute Zeiten, schlechte Zeiten verkleinert sie.« (Illies 2000, 130)

Illies spielt mit der Sphäre des Unpolitischen, die in ihrer Inszenierung brisant politisch ist. Faszination dient zur Bestätigung des Selbst. Oder mit Schulze aus den »Kulissen des Glücks« gesprochen:

»Dem einen gefällt eben dies, dem anderen jenes - die Lust auf das eine oder andere wurde zur unanfechtbaren ästhetischen Letztbegründung, vergleichbar der Antwort auf die Frage, warum sich jemand im Restaurant für den Schweinebraten und nicht für das Rindergulasch entscheidet.

Für viele Menschen unserer Zeit besteht das Sinnkapital, aus dem sie beim Projekt ihres Lebens schöpfen, nur noch aus dem, was ihnen gefällt.« (Schulze 2000, 88)

Schulze zeigt in seinen »Kulissen des Glücks« in sehr prägnanter Art und Weise, wie weggeschaut wird:

Katharina die Große befuhr 1787 mit einer Reisegesellschaft den Fluß Dnjepr. Gepflegte und fortschrittliche Dörfer waren an den Ufern aufgebaut, an denen ihr Schiff vorbeiglitt. Diese Gesellschaft soll dafür, so Schulze, dankbar gewesen sein. Sie habe die Lüge als Spiel aufgenommen, sei demnach erleichtert gewesen, nicht in die Realität eintauchen zu müssen. Lügnerisches wird mit einer spielerischen Variante zur Wahrheit erklärt (s. Schulze 2000, 7f).

Die Dnjepr-Fahrt läßt in Analogie zu den dargelegten Gedanken von Oerter auf komplexes und dialektisches Denken von Katharina schließen. Sie benötigte ein großes Wissen zur Lösung dieser Widersprüche. Nur mit diesem intellektuellen Kunstgriff konnte sie gegensätzliche Positionen versöhnen. Die katharinenhafte Denkfigur fußt auf einem Werturteil: Nur weil sie die Verblendung wahrhaben will, kann sie sie akzeptieren.

Die Dnjeprfahrt verdeutlicht die Wertgebundenheit von Politik und ist damit ein Synonym für »Politikbearbeitung«. Im Falle Katharinas geht es um »Lebenswissen«, das diverser ethischer Kategorien entkleidet ist.

Medienallmacht und Politik

Ein Zeitsprung zum Weltwirtschaftsgipfel (G 8) in Genua im Juli 2001 soll die Aktualität Potemkins beleuchten. Wer ein paar Tage vor dem Gipfel Genua besuchte, konnte sehen, wie »sich die Stadt herausputzte«. Um den Tagungsort »Palazzo Ducale« herum wurde das Straßenpflaster ausgebessert oder neu verlegt, Blumenkübel wurden aufgestellt und bepflanzt, Häuserfassaden wurden verschönert oder, wenn dies nicht möglich war, mit Stoffbahnen, die wiederum mit wunderschönen Fassaden bemalt waren, behängt. Im Hafenbereich wurden unansehnliche Stellen mit meerblauen Palisaden verstellt und Ministerpräsident Berlusconi rief die Genuesinnen auf, doch während des Gipfels keine Wäsche draußen an den Straßen aufzuhängen, die von den G8-Teilnehmenden passiert würden. Im schweizerischen Tessin werden übrigens Urlaubende in einigen Feriendomizilen aufgefordert, die Wäsche nicht auf Balkon oder Terrassen zu stellen, weil ‚wir nicht in Süditalien' sind.

Nun liegt Genua nicht in Süditalien, aber Potemkinsche Dörfer gibt es überall. Sicherlich können wir uns nicht permanent mit allem Elend der Welt befassen oder uns immer alle Gefahren vergegenwärtigen, denn dann könnten wir nie vor die Haustür, geschweige denn in das Haus gehen. Wir brauchen überindividuelle Werturteile, die wir regelmäßig überprüfen sollten, um das »Machbare« zu entwickeln.

Bei den Weltgipfeln der »großen Politik« geht es qua Anspruch um die Verwirklichung weltweit menschenwürdiger Lebensverhältnisse. Genua aber wurde wie alle anderen Gipfelorte zuvor herausgepellt. Die Idee, die dahinter steht, ist wohl, daß, wenn jemand zu uns nach Hause kommt, wir

- ebenfalls kulturgeschichtlich übertragen - unser Heim von der besseren Seite zeigen sollten. Negatives wird versteckt. Die Globalisierungskritiker, von denen viele recht jung - doch überwiegend über 18 Jahre alt - sind, prangern den »Selbstbedienungsladen« der Wohlhabenden an. Sie wollen die Kulissen des Glücks gegen die Verwirklichung der Menschenrechte eintauschen. Sie wollen Macht auch dort verwirklichen, wo die Wohlhabenden in der Alltäglichkeit nicht hinschauen. Notorische Krawallmacher werden sicherlich auch in Genua gewesen sein, doch es wäre zu einfach, die Kritik am Weltwirtschaftsgipfel darauf zu reduzieren.

Die Globalisierungsgegner haben andere Wertmaßstäbe und fühlen sich und ihre Ideale und Ziele nicht beachtet. Der von dem Europaabgeordneten Cohn-Bendit im Juli 2001 entfachte Konflikt mit seinem alten Frankfurter Kampfgefährten, dem heutigen Bundesaußenminister Fischer, entstand aus dieser Werteambivalenz. Cohn-Bendit erinnerte an die pauschale Verurteilung und auch Verfolgung der »68er« durch die damals Verantwortlichen. Nach Aussagen Cohn-Bendits dürfen wir heute - damit kritisiert er Fischer - nicht die Fehler von damals wiederholen. Er hält damit ein Plädoyer für ein genaues Hinschauen, statt über die »Arroganz der Macht« (Fullbright) einseitig zu urteilen.

Die Begleitumstände des Gipfels von Genua haben ein Nachdenken in Gang gesetzt, wie zukünftig die »große Politik« Korrekturen erfahren und auch besser vermittelt werden sollte. Der terroristische Anschlag auf die Insignien der Weltmacht in den USA führte zu einem jähen Ende dieser aufkommenden Diskussion. Globalisierung bekam plötzlich ein anderes Gesicht. Die Welt ist wieder geteilt. Notwendige Unterstützungsmaßnahmen für weite Teile der Welt werden seitdem nach »Dafür« oder »Dagegen« beurteilt. Das »Gewicht« der Auseinandersetzung beherrscht die Diskussion. Die Omnipräsenz der Medien mit ihrer Ware »Information« degradiert zudem oft die Facetten menschlichen Elends in allen Regionen der Welt zu einer Fußnote. Medien sind zum Teil zu »Kommunikationswaffen« geworden. Der mediale Ausschnitt verändert unsere Wahrnehmung der Wirklichkeit.

»Während (...) im Vietnamkrieg das zeitversetzt sendende Fernsehen in der Tat fast ausschließlich die amerikanische öffentliche Meinung beeinflußte und die bekannten Wirkungen erzielte (Massendemonstrationen gegen den Vietnamkrieg, die den Krieg in der Sinnlosigkeit

entlarvten, Anm. LF), läßt der echtzeitliche Fernsehsender aus Atlanta (gemeint ist hier CNN, Anm. LF) die gesamte Weltbevölkerung und damit die öffentliche Meinung der ganzen Welt interagieren. Sollten die kriegerischen Handlungen am Golf noch über einen längeren Zeitraum hinaus andauern, dann besteht die Gefahr, daß bei allen Fernsehzuschauern die gleiche Wirkung erzielt wird, das heißt, sie werden zu ,Fußballfans auf den Rängen der Stadien degradiert, die auf gelungene Aktionen ihrer Mannschaft reagieren.« (Virilio 1993, 36)

Der Krieg gegen Bin Laden, die Taliban in Afganistan und andere, die für große Teile der staatlichen Weltgemeinschaft für den Terror im September 2001 verantwortlich sind, verdammt die Masse der Menschheit als Zuschauer auf die »Ränge«. Der Krieg in »Echtzeit« (live via Bildschirm) überfordert uns als Zuschauer, weil wir den Gehalt der Bilder und damit auch alle Informationen überhaupt nicht verarbeiten oder gar überprüfen können. Die nächste Nachricht ist bereits da, während wir die letzte uns noch nicht bewußt gemacht haben. Diese uns vorgesetzte Informationsflut, kann auch gezielt einen höchst manipulativen Charakter haben. Eine Wertung ist für die Zuschauer in der Materialschlacht der selektiven Berichterstattung kaum möglich. Eine intensive Beschäftigung mit dem Hintergrund des Konflikts wird durch die »Masse« der Live-Materialien« statt der »Klasse« der inhaltlichen Argumente« sehr erschwert.

Wenn Jugendliche mit dieser medialen Verarbeitung der »großen Politik« konfrontiert werden, kann ihre Einstellung gegenüber der etablierten Politik noch weiter erschüttert werden, denn Krieg kann nach moralischen Kriterien keine Lösung sein. Wir verurteilen alltäglich körperliche Gewalt, versuchen neue Formen der Konfliktbewältigung zu finden (z.B. Täter-Opfer-Ausgleich oder soziale Arbeit statt Strafe) und zeigen medial ein komplettes Scheitern von Konfliktmanagement. Kriegerische Gewalt prägt die Welt auch nach 1945. Erst die Erfahrung vieler Generationen mit dieser Form von exzessiver Gewalt durch Terroranschläge oder Kriege und der notwendigen Distanz dazu kann gedanklich eine Trennung von »guter« und »schlechter« Gewalt ermöglichen. Die Grenzziehung bleibt zwischen diesen Polen der Gewalt allerdings grundsätzlich schwammig. Die Diskussion um die Wehr- bzw. Kriegsdienstverweigerung in Deutschland legt ein Zeugnis dafür ab. Die Richter stellten den Verweigerern oft die Frage: »Was machen sie denn, wenn ihre Freundin von einem Vergewaltiger überfallen wird?« Diese Frage impliziert, daß es »gute« und »böse« Gewalt gibt, sie befördert aber auch - sicherlich unbeabsichtigt - den heiklen Wert von Gewalt. Die Frage der Richter enthält die negative Implikation, daß das »personifizierte kollektive Böse« als offensichtlich unausrottbar in der Welt existiert.

Jugendliche können - so schreibe ich weiter oben - aufgrund geringerer Analogiebildung gegenüber Erwachsenen kreativere Lösungen befördern, doch fehlt die letztendliche Grundlage für weittragende Entscheidungen. Wenn Jugendliche in »friedfertigen Milieus« aufgewachsen sind, können und wollen sie diese Eskalation von Gewalt nicht verstehen, weil sie sich grausamen Analogiebildungen verweigern oder diese nicht anwenden wollen. Wenn aber Jugendliche in »gewaltbereiten Milieus« aufwachsen, kann es durchaus sein, daß sie diese Form von Gewalt gutheißen, denn Gewalt kennzeichnet ihr alltägliches Leben. So können wir in Kriegsgebieten immer wieder feststellen, daß auch Jugendliche den Feind nicht als einzigartiges Individuum, sondern im Kollektiv als »Abschaum« sehen. Die Kindersoldaten in Mocambique, die Kinder der Initifada in Palästina oder auch religiös verblendete Kinder im nordirischen Bürgerkrieg sind lebende Beispiele dafür. Die Grundhaltung für diese grausame Form des »Schwarz-Weiß-Denkens« haben sie von Erwachsenen gelernt und vorgelebt bekommen. Also fehlt den betreffenden Erwachsenen die Phantasie und der Realitätssinn für humane Lösungen, die es im Verständnis des Abendlandes und der Menschenrechte zu verwirklichen gilt.

Die aufgezeigte Brisanz der Inhalte ist die eine Seite, warum sich Jugendliche von etablierter Politik abwenden; die andere ist die der Form möglicher Mitbestimmung im politischen Prozeß. Das oft zähflüssig Prozeßhafte der »großen Politik« und spontane Wünsche von Jugendlichen nach Veränderung im »Hier und Jetzt« stehen sich gegenseitig im Weg. Die Auflösung diese Gegensatzes verheißen die Medien Meinungsumfrage und Chatroom.

»Warum sollen sie [die Jugendlichen, LF] sich die Mühe machen, ihre Wünsche und Empörung über Mißstände erst mühevoll in politischen Strukturen wie Parteien einzubringen, wenn MTViva sie (zumindest im Net) sofort verbreitet und manchmal sogar aufgreift und

in eigenen Kampagnen umsetzt, die garantiert die Aufmerksamkeit der Politik erringen, weil diese natürlich auch weiß, daß die virtuelle Realität und inszenierte Themenagenda der Medien längst die reale Welt ihrer Wählerinnen und Wähler dominiert.« (Farin 2001, 214)

Es ist schon einflußreichen Präsidenten nachgesagt worden, daß sie vor Entscheidungen erst Meinungsumfragen heranzögen.

», Wenn Sie mich gefragt hätten, hätte ich gesagt ...' ,Aber mich hat ja keiner gefragt.'« (www.gmx.de, 23.10.2001, Info 42)

Der ehemalige Ministerpräsident von Baden-Württemberg Lothar Späth benutzt in Zusammenarbeit mit McKinsey, stern.de und T-online das Medium Internet, um, so der E-Mail-Provider GMX, den Menschen in der Bundesrepublik die Chance zu geben, Initiative zu zeigen und ein Stück Verantwortung für die Zukunft des Landes zu übernehmen. Diese Initiative nennen die Beteiligten »Perspektive Deutschland«. Mit dem Ausfüllen eines Fragebogens via Internet (www.perspektive-deutschland.de/fragebogen/0330 - Stand: 23.10.2001) sollen wir, die Bürgerinnen und Bürger, über die Rolle des Staates, die Bereitschaft der Bürger, sich für die Gemeinschaft zu engagieren, Veränderungen im Arbeits- und Erwerbsleben, Trends in der Bildung und Erwartungen hinsichtlich der Sozialversicherungen uns einbringen.

»In politischen Diskussionen kommt man als Otto-Normalverbraucher häufig an einen Punkt, an dem man denkt, die eigene Meinung sei, obwohl wir doch schließlich in einer Demokratie leben, ,denen da oben', außer kurz vor den Wahlen, nicht besonders viel wert.

Es sind natürlich - wie immer - zwei Paar Schuhe, einen Umstand zu beklagen oder etwas dagegen zu tun. Aber wie?« (www.gmx.de, 23.10.2001, Info 42)

Aber auch Fernsehkänale huldigen Meinungsumfragen: Was meinen sie zum Terroranschlag in den USA ... Was hätten Sie gewählt, wenn heute ...? Die Informationen sind zwar authentisch, doch in ihrer Wirkung der Authentizität beraubt, auch geht ein Gespür für Zeitabläufe verloren. Kritik sowie Stellungnahmen geschehen sofort, während der Prozeß der politischen Bearbeitung lange dauert (vgl. Farin 2001, 214). Diese Entkopplung von Äußerung und Wirkung fördert durchaus die Distanz zur »großen Politik« bzw. läßt sie statisch erscheinen.

Auch wird so die »große Politik« wegen der Asynchronität von kurzfristiger Äußerung und dem Bearbeitungsvorgang zu einer eigenständigen und abgehobenen Angelegenheit, die mit den realen Interessen und Bedürfnissen insbesondere der jüngeren Menschen dann nur wenig zu tun hat. Junge Menschen lernen, wie wichtig es ist, sich zu beteiligen, doch bleibt die Beteiligung stecken, wenn es um die Lösungen geht. Ein solcher Lernprozeß ist in weiten Teilen zum Scheitern verurteilt. Plebiszitäre Momente treffen auf Interessenkonstellationen, die nicht ad hoc lösbar sind. Mit der Herauslösung von Problemstellungen aus dem Großen und Ganzen wird suggeriert, daß Entscheidungen zeit- und machtinteressenunabhängig getroffen werden können. Unser politischen System ist aber zu verschachtelt und damit vermachtet, um - bis auf skandalisierbare oder extreme Einzelfälle (Tschernobyl, Brent Spar/Shell, BSE, MKS) - »von der Straße« gelenkt zu werden.

Konflikte auf der politischen Bühne werden obendrein eher als Kampf um Eitelkeiten wahrgenommen, weil Inhalte offenbar nicht tiefschürfend - sondern den Eigeninteressen folgend - bearbeitet werden. Konflikte, also Interessengegensätze aber konstituieren erst vom Anspruch her ein demokratisches Gemeinwesen. Dies aber nur, wenn Menschen mit ähnlicher Intensität diesen Prozeß betreiben. An diesem Punkt geraten wir allerdings in ein Dilemma, denn in einer parlamentarischen Demokratie geben wir qua Wahlen Entscheidungsbefugnisse ab. Wir lassen Berufspolitiker für uns agieren.

Weil sich nun diese auf eine andere Art und Weise zeitlich und inhaltlich intensiv mit Politik befassen, entwickeln sie zwangsläufig Eigengesetzlichkeiten. Durch diese Eigengesetzlichkeiten entfernen sie sich - zwar nicht zwangsläufig in allen Politikbereichen - von den Einschätzungen des Wahlvolks. Politiker unterliegen wie alle Menschen, die professionell arbeiten, einem Expertendasein. Das Wissen um die Dinge entwertet einerseits die Nicht- oder Wenigwissenden, doch ist es aufgrund der extrem hohen Arbeitsteilung in (post-) modernen Gesellschaften nach der Auffassung der überwiegend Mehrheit der Menschen unabdingbar. In Bereichen, die das Alltagswissen der Menschen betreffen, wird die Parallelität von Alltags- und Expertenwissen besonders deutlich. Die Probleme der Rentenversicherung oder die Lösung von kriegerischen Auseinandersetzungen werden nach Ansicht vieler Teilnehmender am Biertisch eher »gelöst« als im Bundestag.

Anmerkungen

[1] Der Begriff »Kinder« umschließt für G. Troeller in Anlehnung an die Definition der Kinderrechtscharta der UN Menschen bis zur Vollendung des 18. Lebensjahres.

[2] In einigen Bundesländern sind Jugendliche ab dem 16. Lebensjahr bei Kommunalwahlen stimmberechtigt.

[3] In meinem Buch »Armut, Arbeitslosigkeit, Selbsthilfe« (Bochum 1992) entwikkele ich dies analog zu den Lebenslagen von Armut und Arbeitslosigkeit (s. S. 51ff).

[4] Rucht und Roth schreiben in diesem Zusammenhang auch von »Klassenzugehörigkeit« der Jugendlichen. Im Sinne Max Webers könnte 0»Klasse« (Menschen, die sich aufgrund ihres Besitzes und/oder spezifischer Leistungsqualifikationen und aus der gegebenen Art ihrer Verwertbarkeit in einer gleichen Lebenslage befinden) begrifflich übernommen sein, während im Marx'schen Sinn »Klasse« (Unterschiede in der materiellen Lebenslage, aber insbesondere in den Besitzverhältnissen) weniger treffend ist. Verwiesen sei an dieser Stelle auf den Kapitalbegriff von Bourdieu (Bourdieu 1998, 24ff).

[5] Für Jugendliche gibt es in Kommunen unterschiedliche Beteiligungsformen:
1. Repräsentative Beteiligungsformen (Gremien mit gewählten Delegierten unterschiedlicher Altersstufen - Kinder-, Jugendräte, Parlamente);
2. offene Beteiligungsformen (freier Zugang mit spontaner Teilnahme);
3. projektorientierte Beteiligungsformen (thematisch angelegt und zeitlich begrenzt);
4. Vertretung von Kindern und Jugendlichen in Erwachsenengremien und
5. Beteiligung in Gremien der offenen Jugendarbeit (z.B. Im Jugendzentrum).
Zum Einlesen in mögliche politische Partzipation von Jugendlichen sei auf den bereits zitierten Artikel von Palenthien/Hurrelmann (»Veränderte Jugend - veränderte Formen der Beteiligung Jugendlicher?, in: dies. 1998: Jugend und Politik - Eine Handbuch für Forschung, Lehre und Praxis, Neuwied/Kriftel/Berlin, S. 11-29) sowie auf die Steinhorster Schriften und Materialien (Bd. 9) verwiesen (Neumann, Karl 1998: Ein bißchen mehr Macht - Politische Partizipation von Mädchen und Jungen, Braunschweig/Gifhorn).

[6] »La Haine« (1994) - 98 Min. (s/w), Regie: Mathieu Kassowitz - Die Angaben zum Film und die Inhaltsangabe des Films sind zum Teil dem »Lexikon des internationalen Films« (2001) (Ausgabe 2001, München - CD-ROM) entnommen.

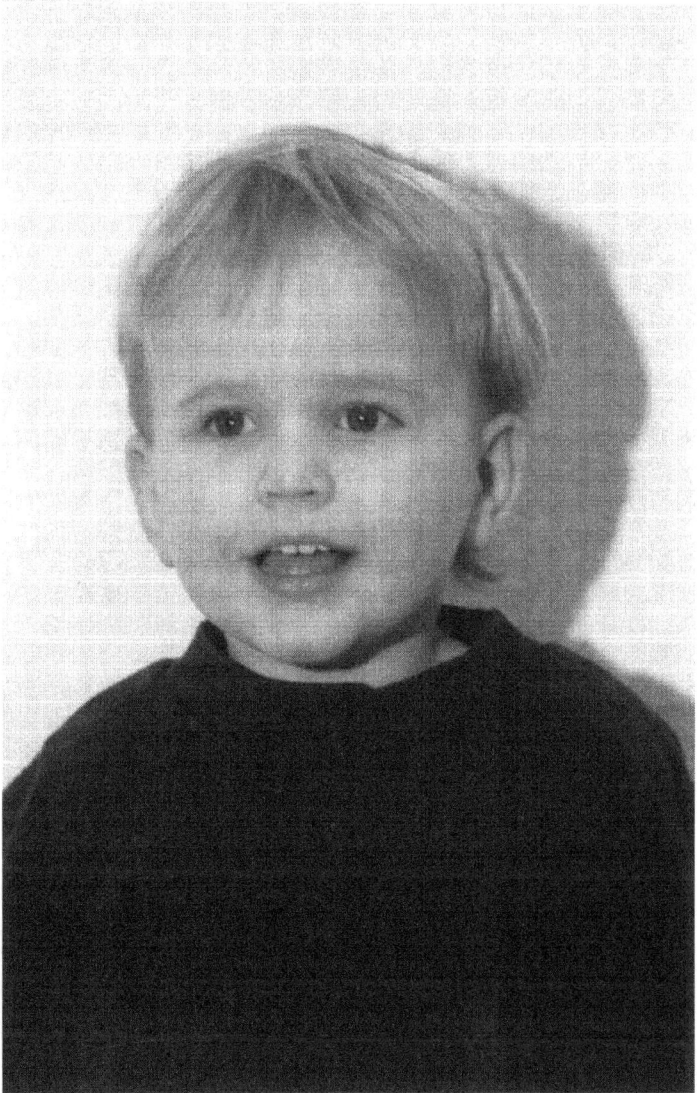

Ruben, 2 Jahre

Dirk, 32 Jahre

Gebt der Jugend (k)eine Chance

Grenzen der Freiheit

New York war bis zum 11. September 2001 als »melting pot« der Inbegriff von Freiheit für das individuelle Wirtschaftssubjekt und wird es wohl auch bald wieder sein. Was nirgends möglich war, im Big Apple schien es realisierbar. Frank Sinatra und andere Interpreten sangen mit »New York, New York« eine Hymne auf diese Stadt und das Individuum. Damit waren sie die fleischgewordene Antwort auf den American Dream »vom Tellerwäscher zum Millionär« oder zumindest das Stehaufmännchen als Sinnbild des nicht hinterfragten Individualismus:

»(...) eins weiß ich - jedesmal, wenn ich auf die Nase gefallen bin, gebe ich mir einen Ruck, ziehe mich am eigenen Schopf aus der Misere und stelle mich dem Rennen.« (Textauszug aus dem Song »New York, New York«, Übersetzung LF)

Diese Emporhebung und Verherrlichung des Individuums dient ideologisch gesehen als Hintergrund, um die »Spreu vom Weizen zu trennen«. »In jeder Krise steckt eine Chance« oder »Arbeitslosigkeit als Chance« gehören in dieselbe Rubrik. Bis zu höchster bundesrepublikanischer politischer Ebene wird bei (jugendlichen) Arbeitslosen von »faulen Säcken« oder »Drückebergern« gesprochen, denen »man« mit Fordern und nicht nur mit Fördern begegnen müsse. Hier wird, um ein deutsches Sprichwort zu traktieren, »die Rechnung ohne den Wirt gemacht«. Der Wirt, das Individuum, ohne das technischer oder wirtschaftlicher Fortschritt überhaupt nicht möglich ist, wird in diesem Denkmodell zum Anhängsel ökonomischer Prozesse. Wirtschaftlicher Fortschritt bekommt damit ein menschenverachtendes Antlitz. Während heute in fast allen Nachrichtensendungen des Fernsehens die Börse mit ihren Hochs und Tiefs, ihren barometerhaften Mutmaßungen eine wichtige Rolle einnimmt, wird alltäglichen Fort- oder Rückschritten bei der Realisierung der Menschenrechte höchstens eine Randnotiz zugewiesen. Die von Menschen geschaffene Ökonomie steht im Zentrum des Geschehens, ist inzwischen sogar der Motor für Geschichte geworden. Das Individuum, das auf diese Weise ideologisch »hoch« gehalten wird, verkommt zum Anhängsel. Der menschliche Wille zur Gestaltung verkümmert im Prozeß des Machbaren von Qualitätssicherung und Effizienz. Der Mensch muß sich anpassen, sich glücklich schätzen, ein Glied in der Kette sein zu dürfen, obwohl ihm doch das Gegenteil suggeriert wird. Nur ‚über den Wolken kann die Freiheit wohl grenzenlos sein' (Reinhard May). Leistung ohne direkte Gegenleistung verschwindet immer mehr. So erzählte mir ein US-amerikanischer Konsul, daß er einen Verwandten habe, der bettelnden Menschen überhaupt nur noch dann einen Dollar gebe, wenn diese ihm dafür einen Witz erzählten.

Der hochgeschätzte und gleichzeitig auch gnadenlose Individualismus konfrontiert heute Jugendliche mit einer Welt, die ihre Eigenverantwortung in das Zentrum stellt. Formale Gleichheit wird unterstellt, während die Voraussetzungen der Gleichheit nicht thematisiert werden. Eine Fiktion wird zur Wahrheit erklärt. Ebenfalls wird der Marktwert des Individuums im Begiff des Individuums umgedeutet: Nicht mehr der Mensch an sich steht im Zentrum, sondern seine ökonomische Hülle. Der Paradigmenwechsel im Sinne des Humanismus »von den Schwierigkeiten, die das Individuum macht«, zu der Betrachtung, welche »Schwierigkeiten es hat«, ist nicht vollzogen.

Noch nie ist eine Generation in Deutschland so beständig und nachdrücklich mit dem Mythos »Jede hat ihre, jeder hat seine Chance« großgeworden. Die Erfahrung mit der optionalen Chancengesellschaft ist allzu oft: Ich will, ich kann, allein mir fehlt die Möglichkeit. In »Chance« steckt implizit, daß jeder Mensch »seines Glückes« Schmied sei. Die politische und soziale Komponente der Chancengleichheit steht heute jedoch kaum mehr zur Debatte. Individuelle und gesellschaftliche Rahmenbedingungen aber lassen erst die Chance verorten. Tatsächlich haben heute Jugendliche wesentlich mehr Chancen in individueller und beruflicher Hinsicht als noch vor zwanzig oder dreißig Jahren. Quantitativ ist das Angebot an Berufen und auch Freizeitmöglichkeiten deutlich angestiegen. Realisierungschancen sind damit für die Individuen jedoch noch nicht thematisiert, denn oft basiert formale Gleichheit auf faktischer Ungleichheit.

Der Prozeß der Modernisierung hat dramatische Entwicklungen der Freisetzung aus orts- und sozialstabilen Bindungen in Bewegung gebracht, die einerseits die Chance erhöhen, sich eigene Ligaturen zu schaffen, andererseits wesentlich mehr Eigeninitiative als Manager des eigenen Beziehungsnetzes erfordern (s. Keupp 2000, 26ff). Mit der Modernisierung geht januskopfartig einher, daß das wechselseitige Geben und Nehmen, ohne ein direktes Einfordern von Äquivalenten, das bis dahin zwischen den Menschen und ihrer Umwelt bestanden hat, verloren gegangen oder zumindest erschwert und entwertet ist. Der soziale Zusammenhalt und die Korrektur von gemeinsam vorgenommenen Prozessen hat in einer Gesellschaftsformation, in der zunehmend mehr Entscheidungen vom Individuum wegdelegiert werden, immer weniger Bestand [1]. Das Zurverfügungstellen beispielsweise von Computern heißt noch lange nicht, dass sie auch tatsächlich im Sinne basisdemokratischer Formen eingesetzt werden können, denn erst das Know-How über die inhaltsgefüllten Funktionsgesetze erlaubt eine tatsächliche Verfügungsmacht. Vernetzte Welt bedeutet heute nur, daß angeschlossene Menschen sich potentiell alle Informationen beschaffen können. De facto ist dies aus Zeit- oder auch sogenannten sicherheitsrelevanten Gründen nicht möglich. Was bleibt, ist die Fiktion und eine weitere hierarchisierende Falle. Informationsbeschaffung wird auf ein Medium verlagert, welches das Lernen aus der eigenen Erfahrungswelt herausreißt, Geld kostet und über neue Standards immer mehr Menschen ausschließt.

Für relativ wenige Menschen birgt diese Art der Informationsbeschaffung arbeitstechnisch gesehen tatsächlich Vorteile. Für die überwiegende Mehrheit ist das Internet ein vermeintlich tiefgreifendes Informationsmedium, das de facto wesentlich mehr Überflüssiges als Notwendiges enthält. »Alte« Techniken der Informationsbeschaffung haben daher für Jugendliche einen immer unbedeutenderen Erfahrungshintergrund, weil wir heute fast nicht mehr hinterfragt den PC als notwendiges Arbeitsgerät ansehen. Der PC bildet einen Standard, ohne den das Mithalten immer schwieriger wird. Aufgrund von Arbeitserleichterungen - beispielsweise beim Schreiben von Texten - vereinnahmen wir das gesamte »Ding« ohne großartige Differenzierungen als sinnvoll und unverzichtbar. Viele von uns wären ohne den PC inzwischen wohl irritiert, denn ohne Korrekturmöglichkeiten wären sie kaum in der Lage, noch schlüssige Texte in einem Guß zu verfassen. Die persönliche Note der Briefe reduziert sich auf die Unterschrift, wenn die überhaupt noch real eingefügt und nicht gescannt wird.

In der Geschichte des Schreibens wurden die Schriftgelehrten und Kopisten mit ihrer »genormten Handschrift« durch die Druckkunst abgelöst.

Die typographische Vereinheitlichung fand in der Schreibmaschine ihre Fortsetzung. Die Schreibmaschine trat in der Folge ihren Siegeszug an und verdrängte die Handschrift in der alltäglichen schriftlichen Kommunikation. Die Menschen stellten jetzt massenhaft Originale mit der Schreibmaschine her. Sie waren deutlich von Durchschlägen oder Kopien unterschieden. Die zunehmende Perfektionierung der Kopiergeräte und erste elektrische Schreibmaschinen mit minimaler Speicherfunktion brachten das »Original« ins Wanken. Die Druckkunst hatte nun endlich die Büros und Haushalte erobert. Heute erklären wir etwas zum Original, indem wir es autorisieren. Durch absolute typographische Vereinheitlichungen und grenzenlose identische Vervielfältigungsmöglichkeiten stellen wir nicht mehr ein Original her, sondern nennen irgendein Exemplar dann »so«. Der Prozeß des Schreibens und auch die Form des Publizierens erfährt damit eine Entwertung. Der Volksmund spricht schon lange davon, dass Papier geduldig sei. Wenn Papier ein Eigenleben hätte, reichte Geduld nicht mehr hin, denn die massenhafte Produktion von vermeintlich Wichtigem entzieht sich selbst die Substanz. Was viele können, ist weniger wert. Der Gebrauchswert des Geschriebenen mutiert zu einem Selbstzweck.

Gegenwärtig hat die schriftliche Kommunikation mit dem Handy ein neues Entwicklungsstadium erreicht. Eine Reduktion auf das unbedingt Notwendige findet mit den SMS statt. Soziale Begleitumstände spielen keine Rolle. Was vorher besprochen wurde, hatte noch eine Unverbindlichkeit, die via SMS verifiziert werden soll. Ich möchte so etwas als »Fast-Food-Kommunikation« bezeichnen: Es wird kommuniziert (gegessen), doch die Substanz ist heikel oder hohl. Soziale Verbindlichkeit in menschlicher Kommunikation als Resultat eines gegenseitigen Aushandelns zerfällt zusehends.

Das Chatten ist ein weiteres Musterbeispiel für entemotionalisierte Kommunikation: Agieren ohne Verpflichtung und Verantwortung. Ich melde mich als »Paul« im Chat an, provoziere »Lisa« und besänftige sie dann als »Klaus«. Ich tue etwas, ohne es zu tun. Cyber-Sex als Computerkommunikation basiert auf elektrischen Reizen. Vorstellung und Vorspiegelung als Gesamtphantasie lösen physische Präsenz und Phantasie ab. Autistischer Sex entsteht als neue Gattung. Das Leitbild dieser recht neuen Formen von Kommunikation ist das Handeln ohne Verantwortung.

Erwachsene haben sich in den Prozeß der möglichen entemotionalisierten und autistischen Kommunikation einleben können - für sie mag diese Kommunikation sogar ein reizvolles Spiel sein. Wer aber das Spiel nicht als Spiel kennengelernt hat, begreift es als Standard. Jugendliche erleben folglich die beliebige Reproduktion von Originalen als Kommunikation ohne unbedingte Verantwortung. Verantwortung wird zur spielerischen Verantwortung, die obendrein des Persönlichen entkleidet sein kann.

Das gesellschaftlich Gemeinsame verschwindet in gehörigen Teilen auf diese Weise in selbstkonstruierten Parallelwelten. Dieser Fakt findet auch in der Wissenschaft seine Fortsetzung. Mit der exorbitanten Steigerung von publizierten Büchern in den letzten fünfzig Jahren sind wir nicht gleichzeitig klüger geworden. Ganz im Gegenteil: Wir werden täglich dümmer, weil wir prozentual immer weniger gedruckte Produkte lesen können. Neue Wissenschaftsdisziplinen können sich heutzutage beispielsweise nicht mehr eindeutig positionieren, weil sie keine eindeutige Grundlage mehr haben. Durch die Inflation von Gedrucktem gibt es immer weniger Bezüge zwischen den einzelnen Werken, so daß sich immer mehr Denkschulen etablieren können, die parallel existieren, ohne sich begegnen zu müssen. Noch in den 60er und 70er Jahren des 20. Jahrhunderts rieten Philosophieprofessoren ihren Studierenden, sich doch sechs Wochen mit einem Standardwerk zurückzuziehen, um ein Werk in allen seinen Verästelungen zu verstehen. Dabei war es unerheblich, ob dieser Autor dem eigenen Weltbild entsprach. Wichtig war, daß er in der Denktradition der Disziplin eine wichtige Rolle spielte. Diese Vorstellung hat sicherlich auch heute noch Gültigkeit, doch gibt es aufgrund des expandierten Büchermarktes kaum noch allgemeinverbindliche Standardwerke. Denkprozesse haben darüber an verbindlicher Schärfe verloren. Überall, wo Gemeinsamkeiten aufgekündigt werden, entstehen Parallelwelten, die mehr Unverbindlichkeit und Verantwortungslosigkeit zur Folge haben.

Gemeinsames Denken und Handeln erfordert ebensolche Traditionen. Je enger die Traditionen mit der Alltäglichkeit der Individuen verbunden sind, desto eher können sie nachvollzogen und gelebt werden. Der Fortschritt, so wie wir ihn heute überwiegend praktizieren, wird global begriffen. Insofern ist er der Motor dafür, daß die Menschen immer weniger in eigenen Traditionen leben können. Dieser Fortschritt zerstört das lokal Soziale. Die sozialpolitische Forderung nach dem Sozialstaat kann damit nur schematisch (im Sinne von Versorgung mit Gütern und Dienstleistungen) und nicht tatsächlich als sozial begriffen werden. Sonst verkörperte der Sozialstaat das »Gestern« und hemmte das »Morgen«.

Sehr deutlich hat Illich bereits 1974 die entsolidarisierende Seite des Fortschritts beschrieben:

> *»Nur wenn der Einzelne das Gefühl seiner persönlichen Verantwortung für das, was er lernt und lehrt, wiedergewinnt, kann dieser Bann gebrochen und die Entfremdung des Lernens vom Leben überwunden werden.«* (Illich 1983, 130)

Fähigkeiten als Zukunftskapital

Wenn Menschen ihrer ursprünglichen Fähigkeiten beraubt werden, beschränkt sich ihr Leben auf Marktgesetze, die nicht von ihnen stammen. Autonome oder schöpferische Potentiale gehen dabei verloren. Menschen müssen dann erst das Neue lernen, es gar vereinnahmen können, um eine andere Stufe der Gestaltung zu erlangen. Ob diese allerdings sinnvoll oder von ihnen gewollt ist, wird im Prozeß »Fortschritt« nur äußerst selten thematisiert.

Am Beispiel französischer Bauern zeigt der französische Sozialphilosoph Bourdieu auf, dass deren Vorstellungen von Zukunft nichts mit dem gemein haben, was Wirtschaftsplaner Zukunft nennen (s. Bourdieu 2001, 15). Geschichtlich erworbene Fähigkeiten und Fertigkeiten des Individuum zählen im Prozeß des Fortschritts folglich nur dann, wenn sie individuell unmittelbar verwertbar sind. Menschliche Zukunftsvorstellungen basieren zu einem gehörigen Teil auf einem Kontinuum des Erlebten. Das Abstrakte, das intellektuell Hervorgebrachte, also die Praxis der sogenannten Großkopferten, stellt nur für Planende eine Kontinuität dar, die den anderen Menschen übergestülpt wird.

Die Lebbarkeit der außerhalb der eigenen Erfahrungswelt stehenden Zukunft stellt viele Menschen - vor allem aber Jugendliche - vor Hürden, die schier unüberwindbar sind. Für anzustrebende Lösungen gibt es weder konsistente Lösungswege noch klare Antworten. Entscheidungen aber müssen getroffen werden, wenn beispielsweise die Berufswahl ansteht. Aus der Option »freie Berufswahl« entspringt ein Entscheidungszwang.

Den scheinbar grenzenlosen Möglichkeiten des Arbeitsmarkts steht ein Individuum gegenüber, das mit Informationen aus dem Nahumfeld, vom Arbeitsamt, aus Medien, von der Schule usw. zugeschüttet wird [2]. Das Individuum besitzt dafür in der Regel kein Instrumentarium, um eine dem Gegenstand adäquate Komplexitätsreduktion vornehmen zu können. Insofern übt die beruflich gelebte Geschichte des näheren Umfeldes (Eltern, Verwandte, Freunde) nach wie vor eine Selektionsfunktion aus. Diese eigengeschichtlichen Anteile sind aber wiederum nicht zwangsläufig marktadäquat. Jugendliche stehen aber nicht nur bezüglich der Arbeitswelt vor Wahlmöglichkeiten und Entscheidungszwängen. Der typische New Yorker Alltagsslogan »anything goes« betrifft genauso die Beziehungsgestaltung: Wer wäscht ab, wer kümmert sich um die Kinder, wer kauft ein, wer bestimmt den Wohnort, wer arbeitet, wer nimmt Erziehungsurlaub etc. (s.a. Beck 1986, 190). Das Aushandeln von Entscheidungen löst weitgehend traditionelle Entscheidungsvorgaben ab. Beck-Gernsheim schreibt von einem »innerfamilialen Individualisierungsprozeß«, in dem aufkündbare und verhandelbare Primärbeziehungen die Oberhand gewonnen haben (s. Beck 1986, 193).

Der Begriff von »Sinn« gewinnt in der zwanghaften Entscheidungsgesellschaft mit ihren unentscheidbaren Entscheidungen eine andere Füllung. Wenn Jugendliche immer weniger oder auch schon gar nicht mehr aus der Geschichte ihrer Familie, ihrer Umgebung und ebenso auch der eigenen schöpfen können, bleibt für ihre Zukunftsplanung der Maßstab des »Was-mir-gefällt«.

»Spontane Wünsche werden mit der Legitimationskraft von Naturereignissen ausgestattet.« (Schulze 2000, 91)

Die Alltagskultur wird aufgrund der Enttraditionalisierung von der ursprünglich allgemeinverbindlicheren (Hoch-) Kultur abgekoppelt, so dass sie keine normative Leitfunktion mehr innehat. Das Abarbeiten der Kinder und Jugendlichen an ihrer eigenen Geschichte als »Wogegen« (z.B. die Spießigkeit der Eltern) wandelt sich zu einem nahezu geschichtslosen »Was-mir-gefällt«.

Für Jugendliche gibt es keinen Grund mehr, formalisierte Verhaltensstile zu adaptieren, sondern der Mix von Szene- und Popkulturorientierung wird zum standardisierten Normalmodell. Die Kluft zwischen den Mentalitäten der Bildungs- und Erziehungsinstanzen und den Jugendlichen wird dadurch immer größer (vgl. Ziehe 2000, 5).

Nun sind aber, wie schon öfter betont, Jugendliche kein monolithischer Block. So erfahren sie die eben beschriebene Enttraditionalisierung durchaus milieuspezifisch »anders« und finden beispielsweise in Bildungsinstitutionen auch unterschiedliche Echos auf »ihr« Verhalten. Verhalten in der Schule oder auch in weiterführenden Bildungsgängen fußt noch immer in weiten Teilen auf dem Primat der klassischen Allgemeinbildung. Während die Frage der Allgemeinbildung durchaus sinnhaftig ist, weil ansonsten die Alltagshorizonte der Jugendlichen in ihrer Eigenbezogenheit eine Verlängerung erführen, ohne auf ein größeres Ganzes zu verweisen, bleibt die Fremdheit der Bildungsinstitution aufgrund der Eingangsvoraussetzungen für viele Jugendliche bestehen oder wird gar verstärkt [3].

»(...) (I)ndem das Schulsystem alle Schüler, wie ungleich sie auch in Wirklichkeit sein mögen, in ihren Rechten wie Pflichten gleichbehandelt, sanktioniert es faktisch die ursprüngliche Ungleichheit gegenüber der Kultur.« (Bourdieu 2001, 39)

Bourdieu spricht bezüglich einer solchen Denkfigur von einer sozial vererbten Privilegienweitergabe [4], die als Chancengleichheit ideologisiert werde. Diese Begabungsideologie, die verkörpert, dass alle beim Schuleintritt die gleichen Voraussetzungen hätten, ist für ihn nicht haltbar, weil sie die Bildungsinteressen zu Begabungen werden läßt und damit den vor Schulbeginn erlernten Umgang mit Bildungsgütern vernachlässigt (Bourdieu 2001, 10). Gemeint sind damit Leichtigkeit, Vertrautheit und Ungezwungenheit im Umgang mit den »Dingen«, die die Angestrengtheit und Bemühtheit jener entwertet, die diese Fähigkeiten und Fertigkeiten in der Schule »nachholen« müssen.

Diese eher intellektuelle Seite im Lernprozeß findet auch eine Fortsetzung im Verhalten gegenüber dem Lerngegenstand selbst. So geben nach Bourdieu Schüler aus einfachen Milieus im Lernprozeß früher auf, weil sich auch ihre Eltern eher von Unfähigkeit als von Fähigkeit leiten lassen (s. Bourdieu 2001, 22). Ähnlich wie auch Postman in seinem Buch »Am Ende der Erziehung« weist auch Bourdieu der Schule die kulturelle Integrationsfunktion für ein Land zu, um nationalspezifische Habitusstrukturen weiterleben zu lassen.

Unterschiede zwischen Menschen existieren heute potentiell, nicht als gegebene, sondern als herzustellende. Die Position, die jemand im sozialen Raum einnimmt, bestimmt seine Vorstellung vom Raum (s. Bourdieu 1998, 26). Der soziale Raum wiederum ist aufgeteilt im Hinblick auf Lebensverhältnisse und kulturelle Praktiken. Im Habitus der Akteure werden kulturelle Praktiken und auch Konsumgewohnheiten deutlich und der Raum wird konstituiert durch kulturelles, soziales und ökonomisches Kapital.

Im Bildungssystem trägt das kulturelle Kapital dazu bei, die Struktur des sozialen Raums zu reproduzieren. Bildung wird so zu einem Zugang für Macht. Insofern ist Bildung nach wie vor ein Schlüssel für Partizipation an oder aus der Exklusion an Gesellschaft (s. Bourdieu 1998, 29). So haben Menschen in der »Welt der Bildungstitel« ohne Bildungsabschluß und fehlende kompensatorische Kapitalien praktisch kaum eine Chance, wenn auch nach wie vor das ökonomische Kapital das wichtigste ist.

Parallel dazu existiert die „Vom Tellerwäscher-zum-Millionär-Karriere«, die traumhafte Eigenwelten entstehen läßt. Aufgrund persönlicher Glücksfälle oder Spezialbegabungen (Singen, Tanzen, Sport, Daily-Soap-Actor, PC-Pioniere) wird uns vorgelebt, dass Geld und Anerkennung in der schier unendlichen Medienwelt ohne bekannte Bildungsmuster zu bekommen sind. Letztlich entwertet dies auch Bildung. Doch auch hier bleibt festzustellen, daß es sich um einen exklusiven Markt handelt, der Eigengesetze hat, die mit »feinen Unterschieden« funktionieren. Das Erben von Vermögen weist ebenfalls mögliche bildungsaushebelnde Merkmale auf, denn Besitz von sehr viel Geld kann Bildung völlig überflüssig machen, weil für bestimmte Tätigkeiten keine Bildungsabschlüsse gebraucht werden.

Die Position im sozialen Raum bleibt in diesen Fällen oft unabhängig von Bildung. In der medialen Welt kommt es vielfach gar nicht mehr darauf an, ob Menschen etwas können, sondern ob sie bekannt genug sind, um etwas zu sagen. So werden immer wieder Sportler oder Künstler in Talkshows zu Themen befragt, von denen sie nicht mehr verstehen »als der Mann auf der Straße«. Verständlicherweise antworten sie mit ihrer in der Regel kaum abgesicherten subjektiven Meinung. Dieses Niveau wird von vielen Zuschauern dann allerdings für »bare Münze« genommen, weil es durchaus ihrem eigenen Erwartungs- und Denkhorizont entspricht. Erst hier wird es heikel, denn im Bildungsbereich führen «ungesicherte« Antworten nicht zu Anerkennung. Die Maßverhältnisse werden zunehmend verschwommener.

Es gilt deshalb, die Zweischneidigkeit zwischen »Bildung als Machterhalt« und »notwendiger Bildung« zu klären. Wiederum bietet Bourdieu mögliche Unterscheidungskriterien an, indem er das kulturelle Kapital auffächert in inkorporiertes, objektiviertes und institutionalisiertes kulturelles Kapital (s. Bourdieu 2001, 112-120).

Inkorporiertes kulturelles Kapital umfaßt das Resultat der Verinnerlichung von Bildungsprozessen (Wissen, Sprache, Umgangsformen). Es wird von den Individuen selbst im Prozeß der Sozialisation erworben, ist damit auf

»(...) vielfältige Weise mit der Person in ihrer biologischen Einzigartigkeit verbunden und wird auf dem Wege der sozialen Vererbung weitergegeben, was freilich immer im Verborgenen geschieht und häufig ganz unsichtbar bleibt (...).« (s. Bourdieu 2001, 114f)

Das inkorporierte kulturelle Kapital bleibt als solches oft unkenntlich und wird als Gegebenes betrachtet, weil es als »legitime Fähigkeit oder Autorität« (s. Bourdieu 2001, 115) gesehen wird, ohne daß dabei reflektiert wird, wie es erworben wurde. Je seltener ein Teil dieser Kulturkompetenz oder ihre Gesamtheit ist, desto bedeutender wird sie, weil das Individuum sich in diesem Fall besonders von der Masse abhebt.

Die objektivierte Seite des kulturellen Kapitals ist im Gegensatz zum inkorporierten übertragbar. Medien des objektivierten Kulturkapitals sind Schriften, Gemälde, Denkmäler, Instrumente, Bücher usw. Als juristisches Eigentum sind sie auch übertragbar, während die inkorporierte Seite aus dargelegten Gründen nur als soziale Kompetenz in einem langen Prozeß erlernbar ist.

Das institutionalisierte kulturelle Kapital umfaßt die Kodifizierung des inkorporierten Kapitals. Bildungstitel sind die Anerkennung für den Erwerb von institutionalisiertem Kapital. Sie sind oft die Eintrittskarte für den Beziehungs- und Arbeitsmarkt. Einschränkend fügt Bourdieu allerdings hinzu, daß materielle und symbolische Profite nur dann eintreten, wenn sie Seltenheitswert besitzen (s. Bourdieu 2001, 119).

Entqualifizierung ohne Grenzen

Die individuelle Aneignung von kulturellem Kapital ist die eine Seite im Bildungsprozeß. Kulturelles Kapital schafft und hält Positionierungen im sozialen Raum. Der soziale Raum selbst hat aber - wie schon dargelegt - in den vergangenen Jahrzehnten vielfältige Änderungen erfahren. Insofern stehen die tradierten Institutionen Familie und Schule vor neuen Herausforderungen. Sie befinden sich heute in einem Wandlungsprozeß oder müssen ihn demnächst beginnen. Der Schule kommt in diesem Prozeß eine besondere Rolle zu, weil ihr eine Korrekturfunktion gegenüber »versagenden« Eltern zugeschrieben wird [5].

Wie aber die Schule diesen Lernprozeß und ob sie ihn allein gestalten kann, ist noch lange nicht von der Bildungspolitik und ihren verschiedenen Akteuren geklärt. Im Jahr 2001 hat das Bundesministerium für Bildung und Forschung einen ersten Untersuchungsbericht zum »informellen Lernen« herausgegeben. Unter »informellem Lernen« verstehen die Verfasser, dass individuelle Kompetenzpotentiale zu entwickeln sind, um die bisher vernachlässigte Grundform menschlichen Lernens für das lebenslange Lernen aller zu ermöglichen. Zur Förderung dieses lebenslangen Lernens sollen alle menschlichen Lernformen einbezogen und alle Bildungsinstitutionen zur Mitarbeit bei der Unterstützung auch des außerschulischen Lernens bewegt werden (s. bmb+f 2001, 2).

»Da nach ziemlich übereinstimmenden Expertenschätzungen nicht mehr als 30% des menschlichen Lernens in Bildungsinstitutionen stattfindet (...) und im allgemeinen weniger als die Hälfte der Erwachsenen zur Teilnahme an Weiterbildungsveranstaltungen zu bewegen ist (...), da aber andererseits alle Menschen bereits ihr Leben lang informell in ihren Lebens- und Berufszusammenhängen lernen, bietet sich die Anerkennung und Förderung des informellen Lernens als ein zentraler Ansatz zur Einbeziehung der bisher Bildungsbenachteiligten in ein nachhaltiges ,lebenslanges Lernen aller' an.« (bmb+f 2001, 2) [6]

Im Prinzip findet sich in dem Begriff des »informellen Lernens« das kulturelle Kapital Bourdieus wieder. Die Kritik, dass mit ungleichen Voraussetzungen Schüler zu Beginn der Schulzeit als gleich betrachtet werden und dass Nachholprozesse nur schwer möglich sind, bleibt zudem bestehen. Die Grundformen der ursprünglichen Wissensaneignung sind bei dieser Betrachtung unberührt. Insofern kommt der Familie und anderen frühkindlichen Sozialisationsinstanzen nach wie vor die zentrale Rolle zu. Ich halte dennoch das informelle Lernen für sehr sinnvoll, obwohl es im Kern die Gefahr in sich birgt, Ungleichheiten zu verfestigen, statt diese zu nivellieren. In die jüngere Diskussion um Bildung sind die grundlegenden Ideen des informellen Lernens schon länger eingeflossen, indem der Funktionswandel von Familie, Schule und Gesellschaft analysiert wurde.

In dem heute vorherrschenden Beziehungsverhältnis von Familie, Öffentlichkeit, Berufswelt und Schule haben sich entscheidende Gewichtsverlagerungen vollzogen, die die Funktionsweise der einzelnen Bereiche erschüttern (s. Negt 1997, 114). Nach Brater kann Schule nur dort als ein aus dem Leben herausgesonderter Lernort bestehen, wo die Erfordernisse und Erwartungen des Lebens, auf das sie vorbereitet, eindeutig und klar sind (s. Brater 1997, 158).

»Allein dort läuft das Lernen neben und außerhalb des Lebens nicht Gefahr, völlig an den Lebenserfordernissen vorbeizubilden. Unter Individualisierungsbedingungen aber läuft die Schule grundsätzlich Gefahr, zur Scheinwelt zu werden, anachronistisch zu sein, in Gesellschaften einzuführen, die es gar nicht mehr gibt oder die nur noch für kleine Subkulturen Bedeutung haben.« (Brater 1997, 158)

Der Schule weist Brater nur noch sehr punktuelle Überschneidungen mit dem Leben, z.B. im Bereich der kognitiven Vermittlung bestimmter funktionaler Wissensinhalte, zu. Wissen ist für ihn der letzte relativ sichere Grund, auf dem Schule sich bewegt. Dieser allerdings leidet heute unter einem sehr knappen Verfallsdatum für Erkenntnisse und kann deshalb auch nicht unbedingt persönliche Handlungsorientierungen geben (Brater 1997, 158). Die Frage ist nun, welche Aufgaben ihr zugewiesen werden sollen: Soll primär Bildung oder auch Lebensbewältigung vermittelt werden? Der Schule in Deutschland ist primär eine Bildungsfunktion zugeschrieben. Anders als im Deutschen wird zum Beispiel im Englischen oder Französischen zwischen Bildung und Erziehung nicht unterschieden; in »éducation« und »education« sind beide Bedeutungen enthalten. Klassische Bildungs- und Erziehungsinstanzen sind in Deutschland Familie und Schule. Die Sozialpädagogik wird inzwischen als die dritte Säule im Feld von Bildung und Erziehung angesehen (s. Schilling 1997, 118).

Bis in das 19. Jahrhundert hinein war die unentgeltliche öffentliche Volksschule (Armenschule) ein Ersatz und eine Ergänzung zu den unzulänglichen Leistungen der Familie. Sie war damit eine Art von Nothilfe (s. Bäumer n. Schilling 1997, 113f). Nothilfe muß in der Form verstanden werden, dass durch die aufkommende Industrialisierung die heute als selbstverständlich angesehenen Kulturtechniken wie Lesen, Schreiben, Rechnen, relevanter wurden. Das Bürgertum unterrichtet seine Kinder in Privatschulen.

Die Industrialisierung setzte neue Standards, weil für ihre Fortentwicklung die rein mündliche Kommunikation nicht mehr hinreichend war. Arbeitsvorgänge wurden abstrakter und zum gehörigen Teil aus der direkten Erfahrung der Individuen herausgerissen. Tradiertes Wissen erfuhr für die große Masse der Bevölkerung bereits in dieser historischen Epoche eine direkte Entwertung. Für das aufkommende Bürgertum bildete diese Kodifizierung der Arbeitsvorgänge hingegen ein Kontinuum. Als aber für immer mehr Arbeiter das Lesen, Schreiben und Rechnen für die Erfüllung der Arbeitsprozesse notwendig wurden, zählten Analphabeten für die politisch Herrschenden (Adel, Bürgertum) »plötzlich« als defizitär.

Während die Armenschule noch eindeutig erzieherische Aufgaben hatte, bekam die im 19. Jahrhundert aufkommende Volksschule als Regelschule dann einen Bildungsauftrag zugewiesen. Die sozialpädagogischen Probleme oblagen fortan der Fürsorge (s. Bäumer n. Schilling 1977, 114).

Der Wandel von der eher agrarisch strukturierten Gesellschaft zur industriellen führte nicht nur zur Entwertung von Fertigkeiten und Fähigkeiten, sondern brachte gleichzeitig große Unsicherheiten für die Bevölkerung mit sich, weil tradiertes Wissen aus Familien oder primären Netzen ebenfalls vielfach wertlos wurde. Die Volksschule verlangte von ihren Schülern Dinge, die die Eltern nicht konnten, womit sie eine Orientierungsfunktion innehatte, die Menschen potentiell universeller - aber gedanklich und örtlich auch heimatloser - werden ließ.

Die heutige Schule ist - wie im 19. Jahrhundert die Familie - von einem Funktionswandel betroffen. Sie kann nicht mehr auf alle Erwartungen eingehen, geschweige denn Lösungsmuster anbieten, die sich aus einem Funktionsverlust der Familie und vor allem der »Sozialisationsinstanz Erwerbsarbeit« ergeben [7].

»Wo Lernen zentral mit der Aneignung von Fachkompetenzen und Orientierungsmarkierungen verknüpft wird, sind die schulischen Institutionen höchsten Anforderungen ausgesetzt: Qualifizierung, Kompetenz, flexibles Lernen, schnelle Umschulungen, geistige und psychische Beweglichkeit - all das drückt hohe Erwartungen aus, die in den Grundbedingungen für Qualifikation und Lernen überwiegend von der Schule erfüllt werden sollen.

Auf der anderen Seite wird immer deutlicher, daß die vorhandenen Strukturen der Staatsschulen gerade das, was geschichtlich erforderlich wäre, nicht leisten können. Überforderung und Leistungsmängel, selbst in der traditionellen Vermittlung herkömmlicher Kulturtechniken (Lesen, Schreiben, Rechnen), führen zu einer inneren Erosion des Systems, was zwei schwerwiegende Folgen hat: die wachsende Gewaltbereitschaft der Kinder und Jugendlichen und die Tendenz zur Demotivation im Lernen. Wo sich diese Tendenzen miteinander verknüpfen, geht ein produktives Klima verloren, das alle drei Dimensionen sinnvollen Lernens erlaubt - die Erweiterung kognitiver Tendenzen ebenso wie die des emotionalen und sozialen Haushalts von Kindern und Jugendlichen.«
(Negt 1997, 115)

Die von Negt geäußerte Kritik trifft freilich die unterschiedlichen Schultypen genauso wie unterschiedliche Herkunftsmilieus mit unterschiedlicher Schärfe. Die Herkunftsmilieus mit ihrem kulturellen Kapital habe ich bereits beleuchtet. Beruflich unabdingbares Wissen wird sehr deutlich auch durch außerschulische Milieus vermittelt. Sozial weitergegebene Wissensbestände und Verhaltenskodizes spielen dabei ebenso eine Rolle wie die Funktionsweise des sozialen Kapitals (persönliche Handlungsorientierung, Knüpfen von Kontakten) im Sinne des »Fitmachens für den Job«.

Durch den Wandel des gesellschaftlichen Umfeldes, in dem Kinder und Jugendliche aufwachsen, findet auch eine Erosion familialer Verhältnisse statt. Eltern sind, wie schon aufgezeigt, vielfach durch die Enttraditionalisierung gesellschaftlicher Verhältnisse ebenfalls in ihrer Zukunftsplanung verunsichert, weil auch ihnen eine durchgehende Kontinuität im Sinne eines Vorbild- oder Vorleblernens fehlt. Hier liegt auch eine Schnittstelle für bisher eher atypisches gewalttätiges Verhalten, Flucht in Drogen, Konsum oder Medienwelt und Ablehnung jeglicher Form von Autorität. Diese Konflikte, die sowohl im Elternhaus als auch in der Schule virulent werden, können weder vom Elternhaus noch von der Schule gelöst werden. Hier kommt - ähnlich wie schon im 19. Jahrhundert der Fürsorge - der Sozialpädagogik eine Aufgabe zu. Sie kann die Instanz sein, die die Herausforderungen, die majoritär durch den gesellschaftlichen Funktionswandel mit seinen Unwägbarkeiten bedingt sind, mitbearbeiten.

Lernen sollte heute als integraler Bestandteil des Lebens verstanden werden und kann nie nur von einer Institution bedient werden. Der Inhalt hat die Meßlatte zu sein. Insofern gehört das, was Familie, Schule und Sozialpädagogik tun, zusammengedacht und in ihren sich jeweils ergänzenden Kompetenzen betrachtet. Ansonsten könnte der Wandel der Hauptschule ein Musterbeispiel für »Scheitern« werden, das der Institution in ihrer gesellschaftlichen Verortung und nicht etwa dem Lehrpersonal anzulasten ist. [8]

Die Entwertung des Hauptschulabschlusses und damit der Hauptschule und ihrer Schüler hing und hängt damit zusammen, daß sogenannte höherwertige Abschlüsse (von erweitertem Hauptschul- bis Gymnasialabschluß) im Rahmen einer Bildungsexpansion für die propagierte Wissensgesellschaft quantitativ zugenommen haben und die Sphäre der Erwerbsarbeit abstraktere Qualifikationen voraussetzt als zuvor. Der ursprünglich die Schüler qualifizierende Hauptschulabschluß wandelte sich fast - in Teilen sogar gänzlich - zu einer »Loserqualifikation«. Wer heute nur mit »Ach und Krach« dort den Abschluß schafft oder daran scheitert, bekommt aller Wahrscheinlichkeit nach massive Probleme bei der Ausbildungs- und Arbeitsplatzsuche. Aufgrund des Wegfalls von Arbeitsmarktsegmenten, die früher Hauptschüler aufgenommen haben, haben sich drastisch die Zukunftschancen für diesen Personenkreis verändert. 1991 war noch etwa jeder fünfte Erwerbstätige ohne Ausbildungsabschluß; Prognosen besagen, daß 2000 noch 14% und 2010 nur 10% der Arbeitsplätze für »nicht formal Qualifizierte« in Frage kommt (s. bmb+f 1999, 12).

In diesem Zusammenhang ist es ganz hilfreich, den Nutzeffekt schulischer Lernarbeit bei Jugendlichen zu betrachten. Bei der Auswertung qualitativer Interviews aus dem Jahr 1991 fanden Mansel und Hurrelmann heraus, daß der Nutzeffekt von schulischem Lernen erst in einer späteren

Phase, nach Abschluß der Pflichtschulzeit, einsetze (vgl. Mansel 1996, 102). Den Jugendlichen wird im Sinne von selbst verinnerlichter Motivation vor ihrem 16. Lebensjahr kaum klar, warum der schulische Stoff insgesamt für ihr Leben von Bedeutung sein soll. Sie verbringen folglich weite Teile des Tages mit Lernstoffen, die Schüler eigentlich gar nicht interessant finden oder auch nicht lernen wollen. Lerninhalte und Lernstoffe treten im Aneignungsprozeß in den Hintergrund, während Abschlußzertifikate für den späteren Erwerbsprozeß eine große Bedeutung haben und die eigentliche Motivation für das Lernen sind. Wenn Jugendliche dieser Altersgruppe Bildung über Abschlüsse und nicht über Inhalte definieren, mutiert Bildung zu einem reinen Marktgesetz. Die Inhalte von Schule sind damit beliebig. Nur die Beurteilung vermittelt Sinn als Zugangs- oder Abgangskriterium für den Arbeitsmarkt.

Die Ausbildung von Fähigkeiten und Fertigkeiten gemäß den individuellen Interessenlagen und Bedürfnissen wird Schülern nach Mansel vielfach vorenthalten. Die verbal bekundete Leistungsmotivation der Schüler reicht oft im Prozeß des Lernens nicht hin, denn »nur«, wenn die Inhalte Spaß bereiten, engagieren sich Schüler stark und »ackern« für die Realisierung (s. Mansel 1996, 102).

Bei Mansel läßt sich zwischen den Zeilen herauslesen, daß die Lehrerpersönlichkeit bei der Stoffaneignung eine bedeutende Rolle spielt. Wenn Lehrer motivieren, »ackern« die Schüler. Bei leistungsmotivierten Schülern, die aufgrund ihrer kulturellen Voraussetzungen dem schulischen Lernen eher alltagsrelevante Aspekte abgewinnen und diese verwerten können, finden sich aufgrund vieler Anknüpfungsmöglichkeiten wesentlich eher Leistungs- und Motivationsanreize.

Auch an diesem Punkt kommt dem möglichen Anknüpfen an die eigene Erfahrung eine sehr zentrale Bedeutung zu. Wenn Lernen auf Vorwissen »zurückgreift« oder daran anknüpft, gibt es ein Kontinuum, das Sinn liefert. Andernfalls müssen sich Schüler erst den Sinn für den Gegenstand überhaupt aneignen. Postman beschreibt dies lapidar anhand der Meßbarkeit von Intelligenz:

»‚Intelligenz' ist, so scheint mir, eine spezifische Leistung, die unter einer Reihe bestimmter Bedingungen erbracht wird. Es ist nicht etwas, was man in meßbaren Größen ‚hat' oder ‚ist'.« (Postman 1995, 221)

Auch die »Begabungsideologie« wird entzaubert oder sie bleibt eine sich selbst erfüllende Prophezeiung: Kinder, die sich bis Schuleintritt weniger Kompetenzen, die in der Schule als ungeschriebene Eingangsvoraussetzung zählen, aneignen konnten, werden von Lehrern als inhaltlich weniger interessiert, eher leistungsverweigernd und schulmüde wahrgenommen. Diese Stigmata behalten sie gegebenenfalls während der gesamten Schulzeit, weil ein Aufholen gegenüber den mit besseren Chancen gestarteten und weiterhin gezielt geförderten Mitschülern nur schwer möglich ist.

»*Die Segregation der Kinder nach hierarchisch geordneten Schultypen und -zweigen (von der Berufsschule oder der Realschule bis hin zum klassischen Zweig des Gymnasiums) bietet indes dem System einen der Logik des Systems entsprechenden Schutz.* Die Kinder der Volksklassen* (in Deutschland dürften dies primär die Sonder - und Hauptschulen sein, LF), *die weder die Bildungsbeflissenheit der Mittelklassenkinder noch das kulturelle Kapital der höheren Klassen mitbringen, flüchten sich in eine Art ungeordneten Rückzug, der (*im Org. ‚die', LF) *die Lehrer aus der Fassung bringt und bislang unbekannte chaotische Formen annimmt.*« (Bourdieu 2001, 45)

Nicht der Leistungsgedanke soll mit diesen Ausführungen negiert werden, sondern es soll Leitungsgerechtigkeit eingefordert sein. Leistung läßt sich freilich auch karikieren, wenn als Antwort auf die dargelegte Ungerechtigkeit bei der Leistungsmessung Leistung völlig abgelehnt wird. Leistungsverweigerung als Kriterium hätte für den Sportunterricht folgende von Ilies dargelegte comedyhafte Konsequenz:

»*Aber was kann man von einer Generation erwarten, die jährlich bei den Bundesjugendspielen erfährt, daß eine Siegerurkunde eine Verliererurkunde ist, da es kaum möglich ist, so wenig Punkte zu bekommen, daß man an der Mindestanzahl vorbeischrammt. Wahrscheinlich eine schöne Idee sozialdemokratischer Schulpolitik, um frühzeitig der kapitalistischen Ellenbogengesellschaft entgegenzuwirken.*« (Illies 2000, 87)

Dennoch kann der Sport eine Art von Vorbildfunktion zumindest für die Einschulungssituation von Kindern haben. Ein sportlicher Wettkampf findet in sehr vielen Disziplinen nach Kriterien statt, die zumindest ein bestimmtes Maß an Gleichheit beinhalten. Beim Golf gibt es ein Handicap, eine Vorgabe für benachteiligte Teilnehmer. Dieses Handicap wird vom betreffenden Verein festgelegt und ermöglicht es, fehlendes Können über zusätzlich zugestandene Schläge, die über den Platzstandard der professionellen Golfer hinausgehen, auszugleichen. So werden unterschiedliche Voraussetzungen für einen fairen Wettkampf ausgeglichen. In anderen Sportarten gibt es Gewichtsklassen (Ringen, Boxen) wie auch Altersdifferenzierungen oder weitere »technische Kategorien« (Auto-, Motorbootrennen, Segeln), die Gleichheit schaffen sollen. In den Sportunterricht der Schulen ist das Handicap ebenso wie in andere Fächer nicht eingeführt worden. Versuchsschulen, die mit dieser Idee angetreten sind, existieren allerdings immer noch (Laborschule in Bielefeld, Glockseeschule in Hannover, Reisende Werkschulen). Bei ihnen handelt es sich um pädagogische Ansätze, die den individuellen Lernfortschritt der Schüler in das Zentrum stellen und sich erst mit dem Abschluß in die notwendige Vergleichbarkeit unseres Bildungssystems einreihen. Vielfältige Diskussionen und auch ansatzweise Realisierungen des Beurteilungsmaßstabs »Lernfortschritt« gab es ebenfalls in Gesamtschulen. Auch der Sport-, vielleicht zudem der Kunstunterricht können eher einem dogmatischen Begriff von Leistung entzogen werden, weil sie nicht im Zentrum des Fächerkanons stehen.

Jegliche Einführung einer überindividuellen Norm (paralleles Schreiben von Klassenarbeiten innerhalb einer Klassenstufe, Zentralabitur, vergleichende Schulabschlüsse auf EU-Ebene usw.) in der alltäglichen Praxis von Pädagogik verhindert die Beurteilung von individuellen Lernfortschritten. Ich will behaupten, dass wir es heute dennoch mit einem Mischsystem von Norm- und Leistungsfortschrittsbeurteilung zu tun haben, das aber eher der Sphäre der »heimlichen Lehrpläne« zuzuordnen ist. In die Beurteilung der mündlichen Leistung fließt oft sicherlich die »Mühe« im Lernprozeß oder auch die Ausgangssituation vor der neuen Aufgabe ein, während im Schriftlichen das Handicap fehlt. Zwar könnte Förderunterricht auch als Ausgleich definiert werden, doch geht er einerseits von Defiziten (also Negativzuschreibungen) aus und reicht andererseits bei weitem nicht hin, weil die Norm weiterhin im pädagogischen Zentrum steht.

Wie heikel jedoch Normen sein können, hat die Studie »PISA 2000« (vgl. Deutsches PISA-Konsortium 2001) gezeigt. Die Studie weist im internationalen Vergleich nach, daß das deutsche Bildungssystem gegenüber anderen aufgrund der Analyse von Schülerleistungen schlechter ist. Ein Aufschrei in der Öffentlichkeit und ein sich abzeichnender Aktionismus von Bildungspolitikern folgte umgehend auf die Veröffentlichung. Die Diskussion wird sehr stark von möglichen Defiziten und der Suche nach »Schuldigen« geprägt; inwiefern außerschulische Kompetenzen und schulische Lernprozesse zusammenhängen, wird wenig thematisiert oder in bekannter Weise individualisiert. Aber auch das ist Gegenstand der PISA-Studie:

»Zugang zu und Teilnahme an formalisierten Bildungsprozessen sind besonders sensible Bereiche distributiver Gerechtigkeit. Denn in modernen Gesellschaften haben formalisierte Bildungsprozesse typischerweise das Doppelgesicht von Status- und Kompetenzerwerb. Sie bereiten soziale Platzierung vor, indem sie individuellen Kompetenzwerwerb, der zur gesellschaftlichen Teilhabe befähigt, systematisch eröffnen und kultivieren und damit gleichzeitig Differenz erzeugen. Die Zertifizierung von Abschlüssen erfolgt nicht unabhängig von den interindividuellen Unterschieden des Kompetenzerwerbs - und wo dies geschieht, wird es im hohen Maß als ungerecht empfunden.« (Deutsches PISA-Konsortium 2001, 324)

Übrigens kenne ich keinen Ansatz innerhalb von Schulen, zweisprachig aufgewachsene Kinder anders zu beurteilen als die, für die die zweite Sprache eine Fremdsprache ist [9]. In der Schule findet eine Gleichbehandlung ungleicher Individuen statt, die sich vornehmlich im rein Fachlichen zeigt, deren Wurzeln aber außerschulischer Natur sind. Die Unterschiede, mit denen Schüler heute in die Schule eintreten, werden eher gravierender und finden im dreigliedrigen Schulsystem ihre konsequente Fortsetzung. Aufgrund der Individualisierung und der damit einhergehenden Enttraditionalisierung werden die Eingangsvoraussetzungen zukünftig weiter auseinanderklaffen. Die Grundschule wird noch zunehmend mit sozialen Aufgaben und einem eigentlich notwendigen Ausgleich konfrontiert werden. Somit befinden wir uns in einer Entwicklung, die für gesellschaftliche Umbruchphasen typisch ist:

Änderungen von Lebensverhältnissen bewirken in der individuellen Lebensführung Unsicherheiten, denen noch keine individuellen Anpassungsstrategien gegenüberstehen. Gewinner können in solchen Phasen zu Verlierern werden, Verlierer zu Gewinnern. Die alten Gewinner aber behalten oft ihr Oberwasser.

Benachteiligung als Stigma

Aus Funktionsgesichtspunkten hat die Hauptschule keine Möglichkeit gehabt, ihren Schülern einen fairen Wettkampf zu ermöglichen. Sie war auf die »neuen« Schüler kaum vorbereitet. Auch wurde ihr keine nennenswerte Unterstützung zuteil, um aus dem Dilemma einer verfehlten Wirtschaft-, Sozial- und Bildungspolitik herauszukommen, die zunehmend dazu tendiert, Schüler nur noch zu verwahren. Die Lehrer müssen nun den gesellschaftlichen Entwertungsprozeß der Hauptschule in individuelle Defizite der Schüler umdeuten, weil sonst die Notwendigkeit und Professionalität ihres Berufsstandes in Frage stünde. Für die Schüler schafft die kollektiv erfahrene gesellschaftliche Diskriminierung eine andere, für sie »reale« Lebenswelt, die sich in Desinteresse und Aggression zeigt.

Das dann von der gesellschaftlichen Norm abweichende Verhalten ist jedoch im Kern nichts anderes als ein Bewältigungsverhalten (vgl. Krafeld 2000, 97). Die Schüler schränken in der Folge unbewußt ihre Selbst- und Fremdwahrnehmung ein. Für sie entsteht eine Notwendigkeit, sich mit ihrer Situation zu arrangieren, womit sie ihre Lebenslage »Ausgeschlossensein« verfestigen. Sie reagieren mit einer für sie überlebensnotwendigen Antwort, die sie immer weiter von gesellschaftlichen Standards entfernt.

Die Schüler entsprechen damit einem Bild, das sie nicht geprägt haben. Als die Hauptschule noch ein anderes Image hatte und für viele Berufe positiv qualifizierte, war sicherlich auch die Motivationslage der Schüler noch anders. Die Risiken des Arbeitsmarktes, die in voller Breite insbesondere Schüler mit niedrigeren Abschlüssen treffen, werden in letzter Konsequenz dennoch individualisiert. Wahrscheinlich geht es aber auch gar nicht anders in einem Wirtschaftssystem, das dem Voranschreiten ökonomischer Prozesse mehr Gewicht beimißt als dem Wohl der betroffenen Menschen. [10]

Die Hauptschule ist aus Funktionsgesichtspunkten immer weniger in der Lage, soziales Verantwortungsbewußtsein, Selbstkritik und Lernstoff zu vermitteln. Die anderen allgemeinbildenden Schulen (Real-, Gesamtschulen und Gymnasien) stehen in Nuancen besser da, weil dort die dargelegten außerschulischen Faktoren mehr zum Tragen kommen.

In der schulischen und arbeitsmarktlichen Praxis wird dann von benachteiligten oder marktbenachteiligten Jugendlichen gesprochen. Benachteiligungen ergeben sich nach Aussagen des Bundesministeriums für Bildung und Forschung einerseits aus der Struktur des Berufsbildungs- und Beschäftigungssystems und andererseits aus Benachteiligungen, die mit der Person zu tun haben (s. bmb+f 1999, 14ff).

Unter Benachteiligungen, die sich aus der Struktur des Berufsbildungs- und Beschäftigungssystems ergeben, faßt das Ministerium wirtschaftlich-kulturelle Krisen und Umbrüche, die nachlassende Bereitschaft der Wirtschaft, Ausbildungsplätze zur Verfügung zu stellen und die Konkurrenz unter geburtenstarken Jahrgängen. Regionale Ausprägungen und ein segmentierter Ausbildungs- und Arbeitsmarkt sowie die Nationalität der Jugendlichen werfen zusätzliche Probleme auf. Auch Abstimmungsprobleme im Übergang vom Bildungs- zum Beschäftigungssystem werden benannt (bmb+f 1999, 14-16). Jugendliche, die auf diese Benachteiligungen treffen, werden daher auch als »marktbenachteiligte Jugendliche« klassifiziert.

Mit Benachteiligungen, die mit der Person zu tun haben, meint das Ministerium soziale Herkunft, schulische Vorbildung, Geschlecht, Herkunftsland (bmb+f 1999, 17ff). Diese Gruppe von Jugendlichen fällt unter die Arbeitsmarktkategorie »benachteiligte Jugendliche«, wobei die zuerst genannten Faktoren der Benachteiligung außerdem zum Tragen kommen können.

Insgesamt werden also Benachteiligungsfaktoren genannt, für die die Jugendlichen nur zum Teil persönlich verantwortlich sind. Sei es, daß sie sich ihren Wohnort, ihr soziales Milieu und ihre Eltern nicht aussuchen konnten oder sie den Arbeitsmarkt nicht ändern können. Die Probleme des Arbeitsmarktes werden für sie zum individuellen Risiko. Zwar gibt es sehr viele Maßnahmen oder Programme, die korrigierend eingreifen sollen, doch ist, um Bourdieu wieder aufzunehmen, die Interventionsschwelle zeitlich zu spät angesiedelt.

Bildungsvoraussetzungen an sich sind vor diesem Hintergrund keineswegs eine homogene Bestimmungsgröße. Innerhalb des Kaleidoskops Bildung gibt es extreme Niveauunterschiede. Jugendliche werden zwar beschult und ausgebildet, doch ist das Ziel ihrer Abschlüsse oft nicht marktadäquat. Sie können etwas, doch das wird nicht oder kaum gebraucht oder abgewertet. Immer mehr sogenannte »einfache Arbeitsplätze« fallen nach derzeitigem Wirtschaften weg. Die Konsequenzen haben Jugendliche zu tragen. So wird in einer Veröffentlichung des Bundesministeriums für Bildung und Forschung aus dem Jahr 1999 ausgeführt, daß Jugendliche mit guten schulischen und sozialen Voraussetzungen die Chance auf eine sehr individuell gestaltete Berufskarriere erhielten, doch bergen die unklaren Übergänge (von Schule zur Ausbildung, von Ausbildung zum Erwerbsarbeitsplatz) erhebliche Unsicherheiten und Risiken für benachteiligte junge Menschen in sich. Für sie gehe Verläßlichkeit und eine klare Orientierung verloren (bmb+f 1999, 11).

Schulen - hier ganz allgemein genannt - aber sollen Chancengleichheit eröffnen, wobei die Meßlatte der Chancengleichheit allerdings fast nie genannt wird. Im Vorwort zu der eben herangezogenen Veröffentlichung schreibt die Bundesbildungsministerin Bulmahn:

»Wir dürfen nicht zulassen, daß junge Menschen schon in der Schule, in der Berufsausbildung oder im Beruf den Anschluß verlieren. Gerade in unserer hochentwickelten Industrie- und Dienstleistungsgesellschaft müssen wir für eine zukunftsorientierte Bildung und Ausbildung für alle jungen Menschen eintreten und soweit als möglich - Chancengleichheit verwirklichen.« (bmb+f 1999, 3)

Nahezu 20% eines Jahrgangs bedürfen heute einer Benachteiligtenförderung. Drastisch formuliert: Das kann nicht nur an der Klug- oder Blödheit der jungen Menschen liegen.

Die Studie »PISA 2000«, die dem deutschen Schulsystem im internationalen Vergleich ein desaströses Urteil ausstellt, läßt sich als Beleg für den von mir zuletzt dargelegten Gedanken heranziehen. So schreiben die Autoren, daß in allen Ländern ein substantieller, aber nicht deterministischer Zusammenhang zwischen sozialer Herkunft und der am Ende der Sekundarstude I erworbenen Lesekompetenz nachweisbar sei. In Deutschland allerdings sei die Kopplung von der sozialen Lage der Herkunftsfamilie und dem Kompetenzerwerb der nachwachsenden Generation ungewöhnlich straff.

»Eine stärkere Kopplung von sozialer Herkunft und Kompetenzerwerb muss nicht mit einer Absenkung des Niveaus verbunden sein. Im Gegenteil: Eher deutet sich eine Tendenz an, dass bei einer Verminderung sozialer Disparitäten auch das Gesamtniveau steigt, ohne dass in der

Leistungsspitze Einbußen zu verzeichnen wären.« (Deutsches PISA-Konsortium 2001, 393)

Ein für heute relativ neuer Ansatz, obschon er von der Gewerkschaft Erziehung und Wissenschaft (GEW) schon vor rund 25 Jahren propagiert wurde. Diesem Problemkreis zu begegnen, wird von der GEW, dem Deutschen Verein für öffentliche und private Fürsorge und auch den Kultusministerien der Länder der Aufbau und die Ausweitung von Schulsozialarbeit vorgeschlagen[11].

Schulsozialarbeit soll den veränderten gesellschaftlichen Lebensbedingungen Rechnung tragen, wobei in vielen Fällen eine Zusammenarbeit mit den Jugendhilfeträgern praktiziert wird. Schulsozialarbeit stellt ein komplementäres Angebot zur Schule dar, indem außerschulische Schlüsselqualifikationen im Sinne eines ergänzenden Bildungsauftrags durchgeführt werden. Ob dieses in den Schulen selbst oder in Einrichtungen der Jugendhilfe (Jugendzentren, Jugendwerkstätten etc.) stattfindet, ist zunächst nebensächlich. Schulsozialarbeit kann im positiven Fall folgende Ziele und Aufgaben umfassen: (Einzelfall-) Beratung, Hilfeplanung bei individuellen Problemsituationen, freizeitpädagogische Angebote, Arbeitsgemeinschaften und Projekte, Pausenaktivitäten, Vernetzung zu Jugendhilfeangeboten in der Kommune, Kontakte zur Jugendszene, Aufklärung über Risikosituationen und Lebensstile, Arbeit mit Schulverweigerern, Konfliktschlichtung und Elternarbeit. Besondere Aufgaben kommen der Schulsozialarbeit noch bei Statusübergängen zu (Kindergarten zu Grundschule, ggf. zu Sonderschule, Schule zu Ausbildung und Beruf) (s. Müller-Kohlenberg 2001, unv. Ms.).

Das Land Mecklenburg-Vorpommern hat im Februar 2000 »Empfehlungen zur Schulsozialarbeit« herausgegeben, die der »Integration junger Menschen in deren Sozialraum« dienen soll. In der Konzeption finden sich neben Rechtsgrundlagen, Zielen und Aufgaben auch Differenzierungen nach allgemeinbildenden und beruflichen Schulen.

Schulträger und Jugendhilfeträger streiten sich in der Praxis nach wie vor um die Notwendigkeit von Schulsozialarbeit überhaupt, deren Zielhorizont, deren trägermäßige Anbindung und vor allem um deren Finanzierung. In weiten Teilen der Gesellschaft ist die Notwendigkeit einer dritten Erziehungs- und Bildungsinstanz »Sozialpädagogik« (neben Eltern und Schule) noch nicht angekommen. Die individuelle Zuschreibung der Defizite überschattet ähnlich wie im 19. Jahrhundert den Funktionsverlust tradierter Erziehungs- und Bildungsinstanzen aufgrund der Entraditionalisierung durch ökonomische Prozesse. Das bedeutet nicht, daß nichts an die Stelle der Traditionen getreten ist, sondern daß wir heute nahezu alles aushandeln müssen. Dieses Jonglieren mit eigenen und fremden Interessen will gelernt sein, denn Fähigkeiten und Fertigkeiten im Sinne kulturellen Kapitals bestimmen auch über den möglichen Zugang oder die mögliche Verschließung zum oder des Arbeitsmarkts. »Feine Unterschiede« sind dabei zentral.

Wenn allerdings nur die Qualifikationsschiene eine Rolle spielte, wäre es einfach. Hinzugenommen werden müssen Fähigkeiten und Fertigkeiten, die zusätzlich in Alltagswelten erfahren und weitergegeben werden, damit sich Jugendliche in der Welt des »anything goes« orientieren können.

Für Jugendliche müssen wir heute konstatieren, so der Jugendforscher und Pädagoge Thomas Ziehe, daß nicht mehr gesellschaftliche Werte ihre Welt bestimmten, sondern subjektiv erfahrene Alltagsgeschichten. Damit sind generalisierbare Einschätzungen, Ver- und Gebote in den Hintergrund gerückt; jetzt muß alles ausgehandelt werden.

Aus sozialwissenschaftlicher Sicht entstehen auf diese Weise Distanzen zwischen den Menschen, aus denen sich zwar »szenespezifische« Begegnungen, Gemeinsamkeiten, Sympathien oder selbst Wünsche vorhersagen lassen, die jedoch dermaßen parallelisiert sind, daß Bezugssysteme fehlen. Konkret bedeutet dies, daß Menschen, die sich »oben« im Raum befinden, kaum Chancen haben, denen von »unten« tatsächlich zu begegnen oder sich gar mit ihnen zu verbinden. Schnittpunkte sind eher zufälliger Natur. Zugangskriterien für Bildungseinrichtungen sind nach derzeitiger Praxis weitgehend nach dieser Logik definiert. Die formale Gleichheit, daß prinzipiell jedes Kind oder jeder Jugendliche jede Schule besuchen kann, beinhaltet schichtenspezifische Differenzen. Durch die Angleichung von Schultypen - beispielsweise in der Gesamtschule - hat die Ungleichheit der Bildungsmöglichkeiten zwar abgenommen, doch die schichtenspezifischen Charakteristika, die in der Schule virulent werden, haben eher weiter an Bedeutung gewonnen.

Anmerkungen

[1] Lewis Mumford (ders. 1977: Mythos der Maschine, Frankfurt/M.) als auch Ivan Illich (ders. 1983 Fortschrittsmythen, Reinbek b. Hamburg) entblättern in ihren Büchern in prägnanter Weise die Selbstentmachtung der Menschen durch von ihnen selbstgeschaffene Systeme. Sicherlich sind aus heutiger Sicht zu diesen Ansätzen Ergänzungen oder auch Änderungen vorzunehmen, doch treffen sie strukturell nach wie vor den Kern.

[2] Im Kapitel »Brüche als Normalität erleben« widme ich mich intensiv der »Sozialisationsinstanz Erwerbsarbeit« mit deren Chancen, Risiken und Überforderungen.

[3] Soziale Ungleichheit wird von Bolte, Karl Martin/Hradil, Stefan in ihrem Buch »Soziale Ungleichheit in der Bundesrepublik Deutschland« (⁶1988, Opladen) sehr bestechend für alle Bereiche des Lebens analytisch aufgearbeitet und dargelegt. Bildungsabschlüsse und soziale Herkunft werden insbesondere auf den Seiten 155 ff. dargelegt. Die Erkenntnisse von Bolte/Hradil stimmen mit den von mir dargelegten Analysen von den Grundannahmen her überein.

[4] Bourdieu verwendet den Begriff »sozial-hereditär«; er versteht darunter eine sozial-vererbte Weitergabe von Chancenungerechtigkeit im Prozeß des Lernens. Kindergarten, Schule und Universität knüpfen an die Privilegien der Kinder aus der Bildungsschicht an, ohne sie großartig zu reflektieren (s. Bourdieu 2001, 22).

[5] Neil Postman weist mit seinem Buch »Keine Götter mehr - Das Ende der Erziehung« wie auch Peter Struck mit seinem sehr widersprüchlichen Plädoyer »Die Kunst der Erziehung« der Schule eine zentrale Rolle zu; auch von der »großen Politik« ist immer zu hören, daß die Schule elterliches Versagen aufnehmen und korrigieren müsse.

[6] Dieser Gedanke findet sich auch im Fazit zu den »Lebens- und Lernbedingungen der Jugendlichen« in der Studie »PISA 2000« wieder: *»Die Analysen haben aufgezeigt, in welchem Maß die Bedingungen, unter denen Heranwachsende leben und lernen, den Stand der erworbenen Kompetenzen beeinflussen. (...) Das gilt z.B. für die unterschiedliche soziale Zusammensetzung der Schülerschaft in den verschiedenen Schulformen, für den Einfluss der sozialen Herkunft auf die Schulleistungen, für die Geschlechterdifferenzen bei den Fachleistungen.«* (Deutsches PISA-Konsortium 2001,504)

[7] s. »Brüche als Normalität erleben« in diesem Buch

[8] Die Bezeichnung »Hauptschule« für diesen Schultyp weist heute in die Irre; tatsächlich handelt es sich zumindest in städtisch geprägten Regionen eher um eine »Restschule« - die heutige »Hauptschule« dürfte aus Funktionsgesichtspunkten eher das »Gymnasium« sein, weil erst mit dem Abitur die Erwerbswelt weit geöffnet ist. Die zum Jahreswechsel 2001/2002 geführte niedersächsische Diskussion um die »Sekundarschule« trägt der Entwertung der noch so genannten »Hauptschule« Rechnung, ohne aber strukturell das Problem zu beseitigen.

[9] Auch im sogenannten bilingualen Unterricht findet keine Differenzierung aufgrund der Muttersprachen statt. In internationalen Schulen, in denen zumeist Englisch die Hauptsprache ist, sind ebenfalls »native speakers« bevorteilt.

[10] Die Anforderungen seitens der Wirtschaft an Schulabgänger legt beispielsweise die »VEREINIGUNG DER NIEDERSÄCHSISCHEN INDUSTRIE- UND HANDELSKAMMERN« folgendermaßen dar: *»Die ausbildenden Unternehmen stel-*

len zu Recht Ansprüche an die Schulabgänger. Berufsausbildung muß auf einer soliden schulischen Basis aufbauen können. Ausbilder und Berufsschullehrer sind nicht in der Lage, bei der Vermittlung von Wissen und Einstellungen von vorne anzufangen. Die Betriebe erwarten daher, daß am Ende der Schulausbildung die Grundlagen für eine stabile Persönlichkeit, für Gemeinschaftsfähigkeit, für Lern- und Leistungsbereitschaft gelegt sind und daß grundlegende Kenntnisse in allen Fächern erworben wurden. Zwar kann die Schule nicht für gesellschaftliche Fehlentwicklungen und Erziehungsversäumnisse in den Elternhäusern verantwortlich gemacht werden. Aber sie muß diesen so weit wie möglich entgegenwirken. Leistungen der Schule stehen seit langem in der Kritik. Es wird ihr Versagen in der Wissensvermittlung und fehlender Mut zur Erziehung vorgeworfen. Was die Schule leisten kann und soll, wird kontrovers diskutiert. Dennoch gibt es Mindeststandards des Wissens, der Persönlichkeitsentwicklung und Gemeinschaftsfähigkeit, auf die sich die Verantwortlichen und Betroffenen verständigen müssen und können. Die Frage, was die Schule zu leisten hat, sollte nicht nur gestellt, sie muß auch beantwortet werden. Was sollen also die Jugendlichen aus der Schule mitbringen? Unternehmen stellen Persönlichkeitswerte, Motivationsfaktoren und grundsätzliche Werteinstellungen in den Vordergrund. Berufliche Sachzwänge und die Arbeit in den Unternehmen erfordern zwingend bestimmte arbeitsethische Grundeinstellungen. Diese oft als Sekundärtugenden diskreditierten Verhaltensmuster gewinnen beim Umgang mit moderner Technik noch an Gewicht. Aber auch Basiswissen in allen Lernbereichen wird vorausgesetzt.« (Auszug aus: VEREINIGUNG DER NIEDERSÄCHSISCHEN INDUSTRIE- UND HANDELSKAMMERN (IHKV Niedersachsen) (o.J.): Was erwartet die Wirtschaft von den Schulabgängern?, o.O. - Die Broschüre wurde mir im Jahr 2001 zugestellt.

[11] vgl. z.B. Gewerkschaft Erziehung und Wissenschaft, Landesverband Niedersachsen (Hg.) 2001: Schulsozialarbeit, Hannover; Deutscher Verein für öffentliche und private Fürsorge 2000: Empfehlungen und Arbeitshilfe für den Ausbau und die Verbesserung der Zusammenarbeit der Kinder- und Jugendhilfe mit der Schule, Frankfurt; Arbeitskreis Berufsschulsozialarbeit in Bayern 1998: Rahmenkonzeption Berufsschulsozialarbeit, o.O.; Empfehlungen zur Schulsozialarbeit (Mecklenburg-Vorpommern), o.J., o.O.; Hollenstein, Erich/Tillmann, Jan (Hg.) ²2000: Schulsozialarbeit - Studium, Praxis und konzeptionelle Entwicklungen, Hannover

.

Esther, 22 Jahre

Simone, 26 Jahre

Brüche als Normalität erleben

Arbeit als bröckelndes Vorbild [1]

Der US-Fließbandpionier Henry Ford sagte: »*Arbeit gibt uns mehr als den Lebensunterhalt; sie gibt uns das Leben.*« Der frühere US-Präsident Benjamin Franklin wies der Arbeit Lebensfreude zu :

»*Eine Stunde konzentrierter Arbeit hilft mehr, Deine Lebensfreude anzufachen, Deine Schwermut zu überwinden und Dein Schiff wieder flottzumachen, als ein Monat dumpfen Brütens.*«

Leben wir, um zu arbeiten oder arbeiten wir, um zu leben?

Ich gehe meinem Erwerb nach. Nein, ich arbeite. Wenn ich etwas erwerbe, kaufe ich es. Ich erwerbe also Arbeit oder gehe ich zur Arbeit, für die ich bezahlt werde? Wenn ich etwas erwerbe, arbeite ich dann? Erwerbe ich etwas, wenn ich arbeite? Kann ich erst etwas erwerben, wenn ich gearbeitet habe? Wie verhält es sich dann erst, wenn ich wegen Erwerbsarbeit zum Arbeitsamt gehe?

Zunächst will ich dafür werben und arbeiten, der Begriffsvielfalt von Arbeit und Erwerbsarbeit einen greifbaren Inhalt zu geben. Zwei alte Sprichwörter sollen dazu als Einstieg dienen:

»*Arbeitsschweiß an den Händen hat mehr Ehre als ein goldener Ring am Finger.*«

Aber, so ein anderes altes Sprichwort:

»*Wenn ARBEITEN so leicht wär, so tät's der Bürgermeister selbst.*«

In den beiden letzten Sprichwörtern steckt, daß Arbeit mit körperlicher Mühe verbunden ist. In allen europäischen Sprachen steckt in der Begriffsbedeutung von »Arbeit« [2] Mühsal, Unlust, körperliche Anstrengung oder Wanken unter einer Last (s. Negt 1985, 170). Die Unterscheidung von Hand- und Kopfarbeit reicht in die Antike zurück. In der Antike gab es keine gemeinsame Begrifflichkeit für geistige Tätigkeit und körperliche Arbeit. Arbeit verrichteten die Sklaven, die Herren, Philosophen oder Könige »handelten« oder »waren tätig« [3] .

Auch noch heute machen die Menschen Unterschiede zwischen Hand- und Kopfarbeit. Einige Differenzierungen sind allerdings nicht mehr so offensichtlich, so daß sie eher als unterschwellig vorhandene gesehen werden müssen. Lackierte Fingernägel von Frauen stehen beispielsweise in dieser Tradition. Als der Nagellack noch spröder, das Geschirrspülmittel noch aggressiver war als heute und die Geschirrspülmaschine noch nicht ihren Siegeszug angetreten hatte, waren makellos lackierte Fingernägel ein Zeichen dafür, sich nicht »die Hände schmutzig machen« zu müssen. Ich erinnere mich an eine Werbung aus den siebziger Jahren, mit der für ein Spülmittel geworben wurde:

Eine Frau sitzt mit einer Kosmetikerin am Tisch, bekommt die Fingernägel einer Hand gefeilt und badet die andere in einer grünlichen Flüssigkeit mit Schaum, in der erkennbaren Absicht, die Hand zu pflegen. Beide Frauen unterhalten sich über die Probleme mit Fingernägeln und Händen beim Spülen. Beiläufig läßt die Kosmetikerin fallen, daß sie, die Kundin, gerade ihre Finger in einem Spülmittel bade. Die Kundin zuckt und will ihre Hand sofort aus der Flüssigkeit herausnehmen. Das allerdings wird von der anderen Frau mit sanfter Handbewegung und einem Kommentar, daß das Spülmittel sehr pfleglich mit den Fingernägeln und Händen umgehe, abgewehrt. Die Herstellerfirma wirbt noch heute mit dem Slogan: »Pflegt die Hände schon beim Spülen.«

Handarbeit wird als minderwertig betrachtet; obendrein hat die Frau hübsch zu sein. Die Folgen körperlicher Arbeit stellen ein Sinnbild für Erfolglosigkeit dar und gehören kaschiert. Der soziale Status fußt nach wie vor auf Insignien der Äußerlichkeit, die zum Teil auch von denen aufgegriffen werden, die eigentlich nicht dazu gehören. Auch Markenkleidung verhilft in weiten Kreisen der Bevölkerung zu einem besseren Ansehen: »Kleider machen Leute.«

Das Phänotypische »Ich bin kein Malocher von der Straße« fungiert auch heute noch in der Öffentlichkeit als Symbol des »Ich-bin-besser« bzw. der »Minderwertigkeit« körperlicher Arbeit. In den USA oder in Deutschland gibt es feine Unterschiede zwischen dem erfolgreichen »Braun-Sein« und dem einfachen »Braun-Sein«. An vielen Stränden der sich reich oder schön nennenden oder fühlenden Menschen ist es verpönt, in der Sonne zu liegen, um sich zu bräunen. »Man« *ist* aber braun. Das Sonnenstudio schafft den Unterschied. Gleichmäßige Bräune hebt sich von der Bräune eines Arbeiters ab, bei dem sich z.B. die Form des Unterhemdes auf dem nackten Oberkörper abzeichnet, weil er es eben bei der Arbeit immer getragen hat.

Arbeit oder Tätig-Sein weist schon in der Geschichte neben der Existenzfunktion auch eine Ordnungsfunktion auf. Diese Funktionen haben jedoch im Laufe der Geschichte einschneidende Bedeutungsverschiebungen erfahren. Die absolute und willkürliche Abhängigkeit der als Sklaven Arbeitenden hat ihre Brutalität verloren. Arbeiten im Sinne einer Tätigkeit expandiert über die Dienstleistungsgesellschaft.

Wenn ich im folgenden den Begriff von »Arbeit« zerlege, spielt auch das Gegensatzpaar »Arbeit« und »Tätigkeit« eine Rolle. Die Unterscheidung zwischen körperlicher und geistiger Arbeit werde ich weitgehend vernachlässigen, weil sie von ihrer Funktion her vergleichbar sind. Freilich existieren in der gesellschaftlichen Wahrnehmung Unterschiede, die sich vor allem an finanziellen Aspekten festmachen lassen. Zudem schwingt ein Herrschaftsverhältnis mit, das körperlich Arbeitende latent herabsetzt. Den Unterschied zwischen den beiden Typen von »Arbeit« werde ich nur dann heranziehen, wenn er zur Gewinnung gedanklicher Schärfe im Sinne eines funktionalen Unterscheidungskriteriums notwendig ist.

Menschen haben ihre Einstellung zur Arbeit und auch die Arbeit selbst geändert. In den heutigen (Post-) Industrie- und Dienstleistungsgesellschaften steht Erwerbsarbeit bewußtseinsmäßig im Zentrum des gesellschaftlichen Seins. In Zeiten der Massenerwerbslosigkeit werden jedoch Brüche deutlich. Auch in der Vergangenheit gab es Menschen, die die aus ihrer Sicht überhöhte Wertschätzung der Arbeit kritisierten. Paul Lafargue thematisierte schon 1848 mit seinem Buch »Das Recht auf Faulheit, Widerlegung des Rechts auf Arbeit« [4] diesen Zusammenhang. Anfang der achtziger Jahre des 20. Jahrhunderts wurde von Teilen der alternativen Szene eine radikale Arbeitszeitverkürzung gefordert (z. B. 20 Stunden pro Woche oder 20.000 Lebensarbeitsstunden); dies bei gleichzeitiger Einführung eines Existenzgeldes, Sozialeinkommens etc. André Gorz war mit seinem Buch »Wege ins Paradies« (Gorz 1983) einer der damaligen Vordenker. Außer in einigen intellektuellen Kreisen oder auch bei einem geringen Teil der Erwerbslosen stand diese Forderung jedoch nicht auf der Tagesordnung.

Die Erwerbsarbeit war zu dieser Zeit noch felsenfest im Bewußtsein der Individuen verankert. Alternativen gab es kaum. Kritik wurde eher aus anderer Sicht geäußert: Arbeit für alle. In der DDR-Verfassung war das

»Recht auf Arbeit« verankert. Während DDR-nahe Kreise in der BRD dieses »Recht auf Arbeit« diskutierten und forderten, gab es aus der rudimentär vorhandenen alternativen Arbeitslosenbewegung und intellektuellen Kreisen den Anwurf, daß das »Recht auf Arbeit« schade, wenn der »Zwang zur Arbeit«, der unakzeptabel sei, mitgedacht würde.

Erst allmählich kamen soziale und ökologische Momente, Sozialverträglichkeit und auch geschlechtsspezifische Aspekte von Arbeit in die Diskussion. Der Sinn oder Unsinn von Erwerbsarbeit bleibt dennoch bis in die jüngere Zeit eher eine verquere Frage um die Freizeitgesellschaft. Die Freizeit, das Nicht-Erwerbsarbeiten-Müssen, wird von vielen erwerbsarbeitenden Individuen überhöht, weil sie in der Regel nicht reflektieren, daß Freizeit für sie nur dann tatsächlich Entspannung bedeutet, wenn sie auf erwerbsarbeitliche Anspannung folgt. »Freie Zeit«, wie sie Erwerbslose erleben, ist hingegen unstrukturierte Zeit und darf nicht mit »Freizeit« verwechselt werden. Die Masse der Erwerbslosen kann die viele freie Zeit oft nicht genießen, weil sie zuvor nicht lernen konnten, Zeit eigenverantwortlich zu strukturieren und ohne die vorherige Arbeit das Vergnügen nicht genießen können. Durch die Erwerbsarbeit findet eher ein gegenläufiger Prozeß statt: Die zeitliche Ausrichtung des Tages, Monats oder auch Jahres folgt den Regeln der Arbeitgeber. So wird in der Erwerbslosigkeit die eigenverantwortliche Zeitstrukturierung zu einem Zwang. Die »Freizeit«, die durch ein Treiben-Lassen gekennzeichnet ist, wandelt sich in »freie Zeit«, in der der Wechsel von einem vorgegebenen in einen selbstgestalteten Zeitrhythmus vollzogen werden muß. Diese Form von frei verfügbarer Zeit kennzeichnet das Leben von vielen Künstlern, PR-Leuten oder auch Wissenschaftlern. Der Unterschied ist allerdings, daß diese Berufsgruppen in das »Große und Ganze« der Erwerbsgesellschaft integriert sind, so daß sie in abstrakterer Form in das Zeitgeschehen eingebunden bleiben. Selbstverantwortliche zeitliche Disposition hat damit einen überwiegend gesellschaftlich anerkannten Stellenwert, der dem Individuum seinen individuellen Wert vermittelt.

Der Zwang zur zeitlichen Selbststrukturierung bei Erwerbslosen hat oft nur so lange Gültigkeit, wie ihre Erwerbslosigkeit andauert. Die oft unfreiwillig erlernte Kompetenz zur Selbststrukturierung, die bei kleinen Kindern übrigens selbstverständlich ist, wird damit sehr ambivalent, denn sie steht bei der Mehrzahl der Erwerbsverhältnisse quer zu den Erwartungen der Arbeitgeber. Eine prozeßhafte Produktion oder eine Dienstleistung zeichnet sich dadurch aus, daß der Kunde oder Käufer adäquat bedient wird, während der Leistungserstellende oder -vorhaltende die externen Erwartungen zu befriedigen hat. Kundenfreundlichkeit bedeutet folglich, die eigenen Wünsche und Bedürfnisse zurückzustellen. In der »Sprache der Bedürfnisse« heißt das dann, daß statt eines Lohns oder Gehalts ein »Frustrationsausgleich« gezahlt wird. »Der Kunde ist König«, sagt die Sprache der Werbung. Die »Verlierer« des Fortschritts sollen über den Motor »Ökonomie« wieder eingefangen werden. Dennoch hat sich durch etwa 30 Jahre »Massenarbeitslosigkeit« etwas verändert, weil die Erwerbslosen inzwischen als Menschen wie »Du« und »Ich« gesehen werden.

Die von den Arbeitsämtern qua Statistiken veröffentlichte Arbeitslosigkeit wird von nahezu allen Menschen als Problem erkannt. Auch ist diese Arbeitslosigkeit ein zentrales Politikthema geworden. Weltweit sind Wachstum und Erwerbsarbeit entkoppelt. Wir haben es gar mit einer Paradoxie zu tun: Entlassungen bzw. neue Formen von Arbeitszeitumverteilung sind Voraussetzung für Wachstum. Heute müssen wir uns mit dem Gedanken vertraut machen, daß wir einer Zivilisation entgegengehen, in der die Erwerbsarbeit für den Sinn des Lebens und für die Identität des Menschen zunehmend unwichtiger wird. Wir befinden uns noch immer in einer Phase der Er- oder Überhöhung der Erwerbsarbeit. Erwerbsarbeit kann strukturell gesehen eine Art von Suchtverhalten hervorrufen: Je knapper und unerreichbarer sie wird, desto wichtiger wird sie für das Individuum. Ob dieses Bild allerdings noch für Jugendliche zutreffend ist, sei an dieser Stelle dahingestellt, denn das »Lernziel« Erwerbsarbeit kann vielfach nicht oder nur ungenügend erreicht werden. Für sie erodiert Erwerbsarbeit bereits, bevor sie sie selbst erleben konnten. Insofern sind sie gezwungen, andere Verarbeitungsmuster zu entwickeln, für die es noch keine »Vorbilder« gibt.

Wer täglich in der Presse den Politik-, Wirtschafts- und auch Lokalteil liest, kann sich tatsächlich glücklich schätzen, wenn er zu den gesicherten Arbeitsplatzbesitzern gehört, denn bezahlte Arbeitsplätze brechen überall weg. Ehemals krisensichere Branchen haben sich zu wahren Jobkillern gewandelt. Dies hat dazu geführt, daß bis dahin sichergeglaubte Arbeitsplätze von sich in Sicherheit wiegenden Angestellten plötzlich überflüssig werden. Menschen, die sich noch »voll im Saft« fühlen, sind auf einmal dem »alten Eisen« zugehörig. Ihnen fehlt biographisch die Auseinandersetzung mit Arbeitslosigkeit. Sie stehen quasi vor einem Scherbenhaufen, weil alte Leitbilder nicht mehr tragfähig sind. Hehre Sätze, wie „Deutschland muß international konkurrenzfähig bleiben«, klingen dann wie Hohn. Es sei denn, es winkt umgehend ein neuer Arbeitsplatz. Dann wird die Einstellung »vom fleißigen Deutschen« aufrechterhalten. Zittern aber müssen derzeit viele Arbeitnehmerinnen und Arbeitnehmer. Wenn sie nicht mehr die olympischen Tugenden (jung, belastbar, gesund) verkörpern, sieht es besonders schlimm aus. Das Angstpotential geht jedoch weit über die derzeit Betroffenen hinaus, denn viele fühlen sich immer öfter als der oder die »Nächste«. Diese Angst lähmt, verhindert Kreativität und kann zu innerer Kündigung und kontraproduktivem Verhalten führen. Nach Jahren oder Jahrzehnten durchgehender Beschäftigung droht die Abhängigkeit vom Arbeitsamt, finanzielle Verpflichtungen wachsen über den Kopf, Bewerbungsschreiben werden zur Qual, das Sich-Anbiedern führt zu Demütigungen usw. Das ehemals sich souverän fühlende Subjekt wird zu einem abhängigen Objekt sozialstaatlicher Aushöhlungsbegehren.

Nur der Narr zeigte keinerlei Änderung nach dem Wegfall nahezu aller Erwerbsarbeitsplätze in seinem Dorf. Ansonsten schwankten alle Dorfbewohnerinnen und -bewohner zwischen aktiver oder resignativer Anpassung an die bisher unbekannte Situation. Ihr Schritt verlangsamte sich. So lautet in etwa der Tenor der Studie »Die Arbeitslosen von Marienthal«, die 1933 von Jahoda, Lazarsfeld und Zeisel veröffentlicht wurde, nachdem sie die Bewohner des österreichischen Dorfs nach dem Wegfall nahezu aller Arbeitsplätze für einige Zeit begleiteten [5]. Diese Studie bildet den Beginn der sozialpsychologischen Arbeitslosenforschung.

Der »Mythos Maschine« (Mumford) führt zu derart gravierenden Vereinnahmungen, daß von einer Ausrichtung der Menschen gesprochen werden kann. Diese Ausrichtung über die Anpassung an das abstrakte Medium Uhr-Zeit beginnt spätestens mit dem Kindergarten. Das umfassende kindliche Lernen wird mit der Schule vernachlässigt. Lerninhalte werden häppchenweise isoliert und aus ihrem Erfahrungsraum herausgerissen, so daß zunehmend Einzelqualifikationen abgerufen werden können. Der mögliche Blick auf das Gesamte, das Ganzheitliche geht dabei verloren. Fragmente eines gelernten Ganzen, das als Eigentlich-Ganzes suggeriert wird, entstehen. Dieses Ganze wird von der Erwerbsarbeitsphäre genährt, es dreht sich um sie. Wenn nun das Zentrum »sozialisierte Erwerbsarbeit« verloren geht, droht der gesamte psychophysische Haushalt des Individuums einzustürzen. Solange diese Realität außerhalb des direkten individuellen Erfahrungszusammenhangs steht, wird sie negiert, verdrängt. Dies ist ein Erklärungsansatz dafür, daß Arbeitslosigkeit in ihrer sozialstaatlichen Bearbeitung weiterhin individualisiert werden kann und bereits Millionen von Arbeitslosen ihr massenhaftes Schicksal individuell ertragen müssen. Die Lebenslage »Arbeitslosigkeit« sperrt sich gegen Solidarität. Dazu ist die Gruppe der Arbeitslosen viel zu heterogen. Alter, Geschlecht, Qualifikation, Gesundheitszustand, berufliche Erfahrungen, Vorerfahrungen in mittel- oder unmittelbarer Hinsicht mit Arbeitslosigkeit sowie Entlassungsgrund verhindern Gemeinsames. Für Firmenleitungen von multinationalen Konzernen spielen diese Überlegungen jedoch überhaupt keine Rolle. Konkrete Menschen mit ihrer ureigenen Geschichte in ihren lokalen Bezügen werden übergeordneten Erwägungen geopfert. Firmenpolitiken lassen Menschen zu Marionetten von Bilanzen verkommen. Wer nun aber glaubt, daß die Freiheit der Firmen grenzenlos sei, irrt sich. Wer nicht andere frißt, wird gefressen. Die Börsengesellschaft lebt ausschließlich von ihrem materiellen Spiel. Money makes the world go round. Das schon erwähnte Moment des »sich selbst nährenden Systems« schlägt zu.

Das inzwischen von der weltweiten Ökonomie errichtete System der Erwerbsarbeit führt zu sich häufenden Protesten vornehmlich jüngerer Menschen. Dieses lege ich im Abschnitt »Denn sie wissen, was sie tun« dar.

Gesellschaften in (post-) modernen Staaten sind trotz heftiger Proteste und gehöriger Brüche nach wie vor in ihrem Zentrum auf Erwerbsarbeit ausgerichtet. Diese Ausrichtung findet sich in der Gesetzgebung wieder. Das deutsche »Dritte Buch Sozialgesetzbuch« (SGB III), das Arbeitsförderungsgesetz, ist - wie vieles bei uns - ein Exportartikel. Im Rahmen der Erweiterung der Europäischen Union (EU) hatte es für Neumitglieder ebenso einen Vorbildcharakter wie für die noch wartenden Staaten. Die im SGB III enthaltene Form des Messens von »Arbeit« bzw. »Arbeitslosigkeit« und die »Behandlung« der Folgen ist sicherlich weltweit in einer Spitzenposition, doch zementiert sie gleichfalls einen ideologisch behafteten Begriff von Arbeit.

Im SGB III wird »Arbeit« mit »Erwerbsarbeit«, einem Lohnarbeitsverhältnis im Sinne von abhängiger Beschäftigung auf Sozialversicherungsbasis, gleichgesetzt. Nach §16 des SGB III ist arbeitslos, wer

»- *vorübergehend nicht in einem Beschäftigungsverhältnis steht,*

- eine versicherungspflichtige Beschäftigung sucht und dabei insbesondere den Vermittlungsbemühungen des Arbeitsamtes für jede zumutbare Beschäftigung zur Verfügung steht und

- sich beim Arbeitsamt arbeitslos gemeldet hat.« (SGB III, § 6)

Das ist die offizielle Klassifizierung von Arbeitslosigkeit und damit im Umkehrschluß auch von Arbeit in Bezug auf abhängig Beschäftigte. Eine versicherungpflichtige Beschäftigung zählt als Arbeit. Selbständige Arbeit, wenn sie denn offiziell angemeldet wird, ist ebenfalls in das deutsche Sozialsystem eingebunden. Die meisten Menschen in unserer Gesellschaft sehen in dieser Arbeit den Dreh- und Angelpunkt des Lebens. Das Zentrum gemeinschaftlichen Lebens ist damit auf die Erstellung von Gütern und Dienstleistungen ausgerichtet. Die Produktion rangiert vor der Reproduktion.

Die Reproduktion, also die Schaffung und Erhaltung von Leben, wird nach dieser Logik zu einem Anhängsel der Produktion degradiert. Dieses hierarchisierte Verhältnis hilft erklären, warum Arbeit am Menschen (z.B. Pflege, Erziehung) mit wenigen Ausnahmen schlechter oder gar nicht entlohnt wird als Arbeit in »harten« ökonomischen Sphären. Die Arbeit von Hausfrauen und Hausmännern sowie auch die Hausarbeit allgemein wird höchstens abgeleitet bezahlt. Sie ist im übrigen, wenn für diese Tätigkeiten kein Personal eingestellt wird, keine Arbeit im Sinne des SGB III. Sie ist nicht versicherungspflichtig, weshalb sich dieser Personenkreis höchstens beim Arbeitsamt als arbeitssuchend melden kann. Die Konsequenz dieser Logik ist: Niemand arbeitet im Haushalt. Handelt es sich bei haushaltlichen Tätigkeiten um Freizeitbeschäftigung oder Selbstverwirklichung? Die Reihe dieses Typus von »nicht-arbeitsförderungsgesetzlich« definierter Arbeit läßt sich nahezu unendlich fortsetzen. Wer sein Fahrrad oder Auto selbst repariert, Wände tapeziert, Nachbarn beim Einkaufen hilft, seinen Lohnsteuerjahresausgleich beantragt, Versicherungspolicen ausfüllt, seine Kinder erzieht oder Gemüse in seinem Garten anbaut, arbeitet nach der offiziellen Logik nicht.

Arbeit bedeutet in der sozialpsychologischen Arbeitslosenforschung mehr als nur Geld und Verträge. Sie vermittelt uns ein charakteristisches Zeiterlebnis, erweitert unseren sozialen Horizont, gibt uns die Erkenntnis, daß wir nur gemeinsam vorankommen, definiert unsere soziale Identität und bindet uns in die soziale Realität ein, indem wir etwas systematisch tun, das über die Lust oder Unlust an der Tätigkeit selbst hinausweist (s. Jahoda 1984, 11-17). Die immateriellen Funktionen von Arbeit sind damit benannt. Aus dieser Sicht sind die meisten Arbeiten, die das Arbeitsförderungsgesetz nicht als solche klassifiziert, aus sozialpsychologischem Blickwinkel »Arbeit«.

Aus soziologischer Sicht läßt sich ein anderes mögliches Kriterium für die Bestimmung von »Arbeit« beleuchten, nämlich das Verhältnis von konsumptiver und erwerbsarbeitlicher Zeitverwendung. Daraus leitet sich ein Dreierschema ab, daß neben der Erwerbsarbeit und Nichterwerbsarbeit auch die Freizeitverwendung umschließt (s. Ministerium für Frauen, Jugend, Familie und Gesundheit des Landes Nordrhein-Westfalen [MFJFG] 1988, 95). Von »Arbeit« sprechen die Soziologen Offe und Heinze, die die Studie für das MFJFG erstellten, nur dann, wenn die Anstrengungen auf ein als nützlich bewertetes Ziel gerichtet sind, das in einem vernünftigen Verhältnis zu Effizienz bzw. technischer Produktivität steht. Wenn ein historisch erreichtes Normalmaß der Produktivität nicht erreicht wird oder das Ergebnis höchst persönlicher Natur ist, kann folglich nicht von Arbeit gesprochen werden (s. MFJFG 1988, 98). Somit lassen sich Hobbys von Arbeit unterscheiden. Bezüglich der Hausarbeit bleiben trotz oder wegen dieses Herangehens an »Arbeit« noch Unklarheiten. Leben Hausarbeit- oder Pflegeleistende ihre Hobbys aus, wenn sie ineffektiv abwaschen, saugen oder Hilfestellungen geben? Durch gemeinschaftlich eingegangene Verpflichtungen und daraus resultierende Zwänge ziehen Verpflichtungen ein, die durchaus als nützlich bezeichnet werden können. Mit einer rein auf Effizienz bezogenen Definition von Arbeit wird der Mensch - wie schon bei dem Verhältnis von Reproduktion zu Produktion thematisiert - zu einem Anhängsel »toter Arbeit« (Negt), denn ein Arbeitsvorgang muß möglichst schnell erledigt werden. So lassen sich pflegebedürftige Menschen sicherlich hygienisch und medizinisch versorgen, doch das Eigentliche, nämlich der lebendige Teil der Arbeit, bleibt außen vor. Auch der Spaß an der Arbeit darf bei kritischer Betrachtung von Effizienzkriterien wohl nicht vorkommen.

Mit einer Anekdote von Henry Ford will ich diese Seite von Arbeit erhellen:

»Ford bestellte bei dem Indianer 12 Holzsessel zu je 5 Dollar. Ford wollte dem Indianer Arbeit ersparen und sagte: ‚Machen Sie 12 gleiche Sessel.' Darauf der Indianer: ‚Dann kostet aber jeder Sessel 3 Dollar mehr, denn wenn ich einen Sessel schnitze, so habe ich ein Vergnügen daran, wenn ich aber zwölfmal dasselbe Modell herstelle, dann muß die Langeweile bei der Arbeit mitbezahlt werden.'« (Ullrich 1979, 61)

Der Indianer bleibt, wenn wir die Brille unserer Erwerbsgesellschaft aufsetzen, mit seiner Logik allein: Er arbeitet aus seiner Sicht, während er aus unserer Sicht nicht arbeitet. Der Indianer weigert sich zu uns üblichen Bedingungen: Er will sich die Unlust bezahlen lassen. Das heißt, die Monotonie bei Fließbandarbeit macht den Preis aus. Wenn wir mehr produzieren, ist das langweilig, somit steigt der Preis und nicht umgekehrt. Der Indianer folgt einer anderen Logik, die in unserem Wertesystem keinen Platz hat. Wir nehmen Arbeit in Kauf, ohne ernsthaft nach ihrem außerökonomischen Sinn zu fragen. Das klappt aber nur so lange, wie genügend dieser Arbeit für Menschen vorhanden ist. Zweckgerichtetes und mühevolles Tun erfordert einen Zusammenhang, der sich über soziale Teilhabe, Geld und/oder individuellen Sinn ergibt. Mühe und Schweiß werden nur vergossen, wenn gesellschaftlich tradierte Werte auch in Arbeit eingelöst werden können.

Die Vernatürlichung unseres Begriffs von »Arbeit« in »Erwerbsarbeit«, obwohl wir sie offiziell und alltäglich eher »Arbeit« nennen, behindert in uns die indianische Wahrnehmung. Wir (erwerbs-) arbeiten so diszipliniert, daß wir die Disziplinierungsfunktion von Erwerbsarbeit kaum mehr wahrnehmen. Indianische Gesellschaften haben trotzdem funktioniert, denn sie kannten die Verantwortung für die Gemeinschaft. Sie lebten in überschaubaren Gruppen, die keine schriftlich fixierten Verordnungen oder Gesetze brauchten, weil Werte von Generation zu Generation tradiert wurden. Erst der »Schrei« nach einer anderen Freiheit, nämlich der nach der Sprengung der Fesseln der Tradition, brachte auch der »Arbeit« eine andere inhaltliche Füllung.

Muße und autonome Zeitgestaltung weichen spätestens seit Einführung der Industrialisierung Effizienz und Produktivität. Zeit ist an Geld gekoppelt. Zeit ohne Geld ist weniger oder gar nichts wert. Mit Geld können wir Zeit kaufen - umgekehrt kaum. Wir lassen die Dienstleister arbeiten. Viele dieser Dienstleister können wir aber nur bezahlen, wenn weiterhin ein großes Einkommensgefälle bestehen bleibt.

Was Arbeit sein kann oder wie sie zu verstehen ist, ist deutlich geworden. Erwerbsarbeit transportiert weit mehr als nur den Lohn, das Gehalt. Sie ist eine Art von Fetisch in modernen Industriegesellschaften, dem eine Disziplinierungsfunktion zukommt. Diesem Begriff von Arbeit fehlt tatsächlich eine gesellschaftliche Komponente, denn weite Bereiche von Arbeit sind abgeleitet bezahlt (z.B. Hausarbeit traditionell über das Gehalt des Ehepartners).

Im Spannungsverhältnis von unbezahlter und bezahlter Arbeit, also verrechtlicher und vermachteter Verhältnisse, liegt eines der zentralen Probleme, worüber die dargelegte Ungleichheit manifest wird. Wenn Erwerbsarbeit als kulturtragendes Phänomen dieses Gewicht behält, werden Erwerbslose weiterhin ausgegrenzt, wodurch ihnen gleichzeitig eine Eigengestaltung des Lebens geraubt wird. Heute praktizierte Erwerbsarbeit wird jedoch oft durch innere und äußere Zwänge aufrecht erhalten. Der Zwang konstituiert gar Erwerbsarbeitsverhältnisse, wird aber von den meisten Individuen angesichts der vermeintlich zur Selbstverwirklichung beitragenden Komponente Geld vielfach verdrängt.

Die bürgerliche Ausprägung des Arbeitsbegriffs als kulturtragendes Phänomen ist für das Problem Erwerbslosigkeit mit allen Schattierungen von Bedeutung. Der Begriff von Arbeit ist im Sinne der klassisch verstandenen Reproduktion, wie Trinken und Essen, als bedürfnisgerecht anzusehen, weil menschliche Grundbedürfnisse befriedigt werden müssen. In unserer heutigen Gesellschaft mit ihrer Geschichte hat jedoch die bezahlte Arbeit, die Erwerbsarbeit, den Stellenwert eines Grundbedürfnisses bekommen. Durch die Trennung von Arbeit und Erwerbsarbeit findet Arbeit ihre ideologische Überhöhung in der Erwerbsarbeit. Rein lebenserhaltende Arbeit außerhalb der Sphäre von Erwerbsarbeit kann aufgrund dieser Logik nur als reproduktiv klassifiziert werden. Arbeit weist jedoch als Qualität gegenüber der Erwerbsarbeit - zwar auch durch letztere begrenzt und konditioniert - weitergehende Selbstgestaltung auf (selbstbestimmter Arbeitsrhythmus, zeitliche Souveränität).

Alle Ansätze zur Beseitigung von Erwerbslosigkeit sind letztlich zum Scheitern verurteilt, wenn Arbeit die aufgezeigten unterschiedlichen Wertungen erfährt und darüber in differente Status- und Belohnungssysteme eingebunden ist, die als solche ungleichheitsproduzierend sind. Im Falle der Erwerbsarbeitsorientierung sind nahezu alle Gesellschaftsmitglieder, wenn sie sich im öffentlichen Raum bewegen, ein Spiegelbild für ungleiche Bewertung von Arbeit. Doch die Angst vor Veränderung ist oft zu groß, um sehenden Auges den »Skandal Massenarbeitslosigkeit« ernsthaft anzugehen.

Der Sozialpsychologe Erich Fromm schreibt, daß Menschen so wünschen zu handeln, wie sie zu handeln haben, und finden darin zugleich Befriedigung, den Erfordernissen der jeweiligen Gesellschaft zu entsprechen (s. Fromm, zit.n. Schneider 1989, 292).

Dieses Verhalten haben Jugendliche noch nicht internalisiert, auch können sie nicht auf tradierte Bewältigungsformen zurückgreifen. Insofern sind sie gezwungen, sich etwas Neuem zuzuwenden, das es noch nicht gibt. Die Gesellschaft der Erwachsenen behindert sie erheblich dabei, weil sie majoritär »befriedigt« ist. Jugendliche stehen zwar im Blickpunkt der Erwerbsgesellschaft, doch werden sie einem Auslesewettbewerb unterworfen, der Verlierer haben muß. Ihre Chancen zu einem gelingenden (Erwerbs-) Leben hängen mehr als zuvor von individuellen Entscheidungen ab, für die es - wie schon dargelegt - keine generalisierbaren Entscheidungshilfen gibt.

Kinderarbeit als unbekannte Größe: Einwurf

Nachdem im letzten Abschnitt die Begriffsvielfalt von »Arbeit« im Vordergrund stand, folgt nun eine Pointierung von »Arbeit« in Bezug auf Kinder und Jugendliche.

Die Verwendung des Begriffs »Kinder« in der Überschrift kommt nicht von ungefähr. Die Diskussion um »arbeitende Kinder« oder »Kinderarbeit« ist über die Staaten Lateinamerikas und Asiens nach Europa gekommen. Das »International Labour Office« und damit auch die »International

Labour Organisation« (ILO) schätzte 1996 die »arbeitenden Kinder« im Alter von 5 bis 14 Jahren weltweit auf 120 Millionen.

In den 155 Mitgliedstaaten der ILO ist das Mindestalter für erlaubte Kinderarbeit jedoch unterschiedlich festgelegt; die Spanne reicht von »ohne Altersangabe« bis zu 16 Jahren. In der Convention No. 138 der ILO wird das generelle Mindestalter für Kinderarbeit »unter normalen Umständen« allerdings auf 15 Jahre festgelegt. In Staaten, in denen das »ökonomische und Erziehungssystem unzureichend entwickelt« ist, liegt das Mindestalter für Arbeiten »unter normalen Umständen« bei 14 Jahren (Art. 2); für »leichte Arbeit« sind die Grenzen entsprechend auf 13 bzw. 12 Jahre festgelegt (Art. 7). Für »gefährliche bzw. riskante Arbeiten« gibt es eine altersgemäße Festlegung auf 18 Jahre, die unter bestimmten Bedingungen (Gesundheit, Sicherheit) auf 16 Jahre reduziert ist (Art. 3). Die ILO strebt allerdings an, in allen Staaten die Grenze auf 18 Jahre anzuheben (s. ILO 1996, 24f).

Auch beim Typus der erlaubten Arbeiten gibt es zwischen den Staaten erhebliche Differenzen. Bei z.B. »leichten Arbeiten« (im Haushalt oder in der Landwirtschaft) existieren extrem abweichende zeitliche Einschränkungen; sie variieren zwischen einer gesetzlichen Festlegung von zwei bis drei Stunden täglich bis zum Fehlen jeglicher nationalstaatlicher gesetzlicher Grundlagen (s. ILO 1996, 33ff) [6].

Die Hauptziele der ILO und auch der UN sind, daß alle Kinder eine allgemeine Schulausbildung erfahren (elementary education) und unter kindgerechten Bedingungen entsprechend der Convention No. 138 arbeiten können. Kinderarbeit darf das Recht auf Bildung nicht behindern (s.a. Kinderrechtskonvention der UN [z.B. in: UNICEF 1996]). Positive Lebensbedingungen von Kindern sind nach ILO und UN-Beschlüssen nur über eine und mit einer elementaren Schulbildung erreichbar. Für diese internationalen Organisationen ist zudem zentral, die Arbeitsbedingungen zu reflektieren, denn Kinderarbeit darf keinesfalls eine kindgerechte physische und psychische Entwicklung beeinträchtigen (s. ILO 1996, 8).

»Kinderarbeit« gibt es nach wie vor auch bei uns, wenn wir die ILO-Konventionen, die Kinderrechtskonvention [7] der Vereinten Nationen (UN) oder das deutsche Jugendarbeitschutzgesetz (JArbSchG) heranziehen. Die Frage ist nur, ob es sich um erlaubte oder verbotene Kinderarbeit handelt. Der

Soziologe Hartmut Liebel, der einige Jahre in Nicaragua lebte, verdeutlicht 1994 mit seinem Buch »Wir sind die Gegenwart« in prägnanter Art und Weise die definitorischen Schwierigkeiten von Kinderarbeit oder - wie er sagt - von »arbeitenden Kindern«. Liebel geht es darum, den Handlungsspielraum von Kindern zu erweitern und ihnen damit soziale Anerkennung als kompetente soziale Subjekte zu sichern.

»Die Bewegungen der arbeitenden und Straßenkinder in Lateiname-rika, so bescheiden ihre Anfänge auch sein mögen, vermitteln bereits einen konkreten Eindruck davon, wie die neue gesellschaftliche Rolle der Kinder beschaffen sein könnte. In ihnen wird nicht, wie vielfach in Europa (aber auch in Lateinamerika) in der künstlichen Form von ‚Kin-derparlamenten' oder ‚Kindergipfeln' die gesellschaftliche Partizipati-on der Kinder nach dem Vorbild der Erwachsenen bloß simuliert, sondern sie wird im Alltag selbst eingefordert und im Lebenskontext praktiziert.« (Liebel 1994, 10)

Eine solche Betrachtungsweise bedeutet, Kinder mit ihren Fähigkeiten und Fertigkeiten ernst zu nehmen und ihnen nicht einen Objektstatus zuzuweisen. Kinderarbeit kann nach dieser Herangehensweise auch einen emanzipativen Charakter haben und muß nicht per se negativ gesehen oder latent abgewertet werden.

Selbst die UNICEF hält nach Liebel eine verkürzte Definition von Kinder-arbeit vor. Laut UNICEF, die von »Kindern in Überlebensstrategien« spricht, kann von folgenden Charakteristika bei Kinderarbeit ausgegangen werden:

»- Sie üben Tätigkeiten der Einkommensbeschaffung aus als Antwort auf eine ihnen sozial aufgezwungene Situation.

- Diese Tätigkeiten sind innerhalb der formalen, informellen oder mar-ginalen Ökonomie angesiedelt.

- Sie entwickeln sich innerhalb und außerhalb der Kernfamilie, auf der Straße oder jenseits von ihr.

- Die Kinder halten eine Beziehung zur Familie aufrecht.

- Es handelt sich um Teil- oder Vollzeit-Tätigkeiten.

- Die Tätigkeit wird entlohnt oder nicht entlohnt, sei es in Geld, Natu-ralien oder Dienstleistungen.

- Die Entlohnung kann für die Kinder selbst bestimmt sein, für Angehö-rige, für Bekannte oder Dritte.« (UNICEF, zit. n. Liebel 1994, 24)

Liebel schließt an die UNICEF-Definition einige Kritikpunkte an. So werden Kinder nicht berücksichtigt, die Beziehungen zu ihren Familien abgebrochen haben; sie werden von UNICEF den »Straßenkindern« zugeschlagen. Auch schließt die UNICEF mögliche positive Besetzungen von Kindern zu Arbeit aus. Ebenso kritisiert Liebel die Unterscheidung von legalen und illegalen Tätigkeiten, die die UNICEF vornimmt. Wenn es um das Überleben geht, werden »fliegende« Dienstleistungen (Frontscheiben von Autos an Ampeln putzen etc.), Prostitution oder auch kleinere Diebstähle nicht mehr als Arbeit, sondern als marginale Tätigkeiten gefaßt (s. Liebel 1994, 28ff).

Ich will über Liebels Ausführungen hinaus anmerken, daß UNICEF Arbeit von Kindern eher als Tätigkeit bezeichnet, wenn sie nicht im formellen Sektor stattfindet. Somit ist all das, was nicht in die offizielle Ökonomie - also das Bruttosozialprodukt - einfließt, keine Arbeit. Ähnliche Ausführungen stellte ich schon zur »Hausarbeit« an. Auch sie ist keine Arbeit im Sinne des deutschen Arbeitsförderungsrechts. Viele arbeitende Kinder begreifen aber ihre Arbeit als Beitrag zum Überleben der Familie. Auch gibt ihnen die Arbeit Selbstbewußtsein, weil sie nicht ökonomisch abhängig sind. Im Grunde erreichen sie mit ihrer Arbeit das, was für die Sozialpsychologin Marie Jahoda Arbeit charakterisiert (Zeiterlebnis, sozialer Horizont, Kollektivität, soziale Identität, Einbindung in soziale Realität durch systematische Tätigkeit) [8]. Auch in Deutschland begreifen wir die eben aufgeführten Dienstleistungen nicht offiziell als »Arbeit«. Das ist der Ordnungsfunktion, die Erwerbsarbeit inne hat, geschuldet.

In Deutschland betrug im April 1998 auf der Basis des Mikrozensus' die Erwerbsquote bei den 15- bis 19jährigen 31% und bei den 20- bis 24jährigen 81,5%. Nur 2% der 15jährigen standen 1998 in einem Arbeitsverhältnis (zum Teil nur mit wenigen Stunden), während es bei den 17jährigen bereits 33% waren (s. Statistisches Bundesamt 2000, 53). Die Definition von Arbeit, die beim Mikrozensus einfließt, ist nicht identisch mit der der Bundesanstalt für Arbeit. Insofern sind aller Wahrscheinlichkeit nach Arbeiten aus dem informellen Sektor (Nachhilfestunden, Baby-Sitten etc.) enthalten. Bei uns bezeichnen wir durchaus solche Arbeiten als Schwarzarbeit oder auch als verbotene Kinderarbeit. Im Vorwort einer Veröffentlichung zu »Kinderarbeit« in den Aufsichtsbereichen der Staatlichen Gewerbeaufsichtsämter

Köln, Recklinghausen und Münster schreibt der Minister für Arbeit, Gesundheit und Soziales des Landes Nordrhein-Westfalen (MAGS NRW) Hermann Heinemann:

»Viele sind der Ansicht, Kinderarbeit in der Bundesrepublik Deutschland gebe es nur in einem so geringen Ausmaß, daß eine Beschäftigung mit diesem Thema nicht lohne.

Wer jedoch mit offenen Augen durch unsere Städte und Landschaften geht, kommt an der Feststellung nicht vorbei: Kinderarbeit - auch verbotene Kinderarbeit - ist in der Bundesrepublik Deutschland an der Tagesordnung.« (MAGS NRW 1991, o.S.)

Kinderarbeit oder verbotene Kinderarbeit findet ihre Defintion über das schon erwähnte Jugendarbeitsschutzgesetz [9]. Der §1 regelt den Geltungsbereich. Zunächst wird festgehalten, daß es Personen betrifft, die unter 18 Jahre alt sind, sich in der Berufsausbildung befinden, Arbeitnehmer oder Heimarbeiter sind.

»§1 (...) (2) Dieses Gesetz gilt nicht 1. für geringfügige Hilfeleistungen, soweit sie gelegentlich a) aus Gefälligkeit, b) auf Grund familienrechtlicher Vorschriften, c) in Einrichtungen der Jugendhilfe, d) in Einrichtungen zur Eingliederung Behinderter erbracht werden, 2. für die Beschäftigung durch die Personensorgeberechtigten im Familienhaushalt.« (JArbSchG, Stand 1998)

Im §2 des JArbSchG ist festgehalten, daß als ein Kind zählt, wer noch nicht 15 Jahre alt ist, daß ein Jugendlicher mindestens 15 aber noch nicht 18 Jahre alt ist, daß für Jugendliche, die der Vollzeitschulpflicht unterliegen, die für Kinder geltenden Vorschriften Anwendung finden müssen. Der §3 legt die Arbeitgeber fest.

Sehr entscheidend für Arbeit von Kindern wird der §5. Mit ihm ist das »Verbot der Beschäftigung von Kindern« geregelt. Zunächst heißt es generell, daß die Beschäftigung von Kindern verboten ist. Das Verbot gilt nicht zum Zwecke der Beschäftigungs- und Arbeitstherapie, im Rahmen von Betriebspraktika, im Rahmen der Vollzeitschulpflicht und in der Erfüllung einer richterlichen Weisung. Ferner gilt das Verbot der Beschäftigung von Kindern nicht, wenn die Kinder über 13 Jahre alt sind, die Personensorgeberechtigten einwilligen und die Beschäftigung leicht und für Kinder geeignet ist. »Geeignet« bedeutet, daß die Sicherheit, Gesundheit und

Entwicklung der Kinder nicht beeinträchtigt werden darf. Auch muß gewährleistet sein, daß der Schulbesuch nicht nachteilig beeinflußt wird. Zudem dürfen die Kinder nicht mehr als zwei Stunden täglich arbeiten (in landwirtschaftlichen Familienbetrieben nicht mehr als drei Stunden), nicht zwischen 18 und 8 Uhr oder vor oder während des Schulunterrichts. In den Schulferien dürfen Kinder bis zu vier Wochen im Kalenderjahr arbeiten (Näheres regeln die §§ 8-31). Jugendliche dürfen nicht mehr als acht Stunden täglich und 40 Stunden wöchentlich beschäftigt werden (§8). Behördliche Ausnahmen (§6) gibt es z.b. für Veranstaltungen im Musik- und Werbebereich. Deutschland liegt mit den Ausformulierungen im JASchG im Rahmen von ILO und UN [10].

In der schon erwähnten Studie aus Nordrhein-Westfalen wird festgestellt, daß mehr als 40% der Schüler in jedem Jahr außerhalb des eigenen Haushalts arbeiten. Knapp 20% der Schüler verstoßen pro Jahr gegen die Kriterien des JArbSchG. Drastischer wird der Anteil der verbotenen Kinderarbeit noch, wenn er mit der gesamten Kinderarbeit in Relation gebracht wird: Fast jeder zweite Schüler, der gearbeitet hat, ging einer verbotenen Kinderarbeit nach (s. MAGS NRW 1991, 14ff). Weiter schreiben die Autoren dieser Studie, daß eine Grenzziehung zwischen erlaubter und verbotener Kinderarbeit für alle Beteiligten äußerst kompliziert sei und insbesondere für Kinder und ihre Erziehungsberechtigten undurchsichtig und wenig einsichtig scheine. Auch das Unrechtsbewußtsein wirke wenig ausgeprägt (s. MAGS NRW 1991, 16). Hauptmotiv für das Arbeiten war das Geld; am zweithäufigsten wurde der Spaß genannt (s. MAGS NRW 1991, 82).

In einer Studie aus dem Jahr 1993 stellten Ingenhorst u.a. über Kinderarbeit in Hessen fest, daß die Hälfte der Schüler der 8. bis 10. Klassen arbeiten. Die Hauptarbeitsbereiche sind private Dienstleistungen (Babysitting, Haus-, Gartenarbeiten - 30%), Zeitungen austragen (25%), allgemeine Dienstleistungen außerhalb von Haushalten (15%), Aushilfstätigkeiten im Supermarkt (10%) und gewerbliche Produktion (2%) (s. Schmidt-Behlau 1999, 17).

Obwohl die Jugendlichen nach Schmidt-Behlau die Arbeit freiwillig machen, die Arbeit Spaß macht und nach ihren Aussagen Geld bringen muß, findet etwa jedes fünfte Kind die Arbeit nervlich anstrengend und jedes dritte als körperlich belastend: Erschöpfung, Rückenschmerzen, Ärger, Wut, nervliche Anspannung, große Müdigkeit, Frieren und Kopfschmerzen werden als zentrale Folgen von Kinderarbeit benannt (s. Schmidt-Behlau 1999, 17).

Folglich kann ich zusammenfassen, daß Kinderarbeit kein Phänomen nur in anderen Staaten ist, sondern auch vor und hinter unserer Haustür alltäglich vorkommt. Der Graubereich von Kinderarbeit ist sicherlich riesig. Ich habe auch auf die recht unscharfe Definition von Kinderarbeit hingewiesen. Sie wird bagatellisiert oder als Tätigkeit degradiert und in weiteren Fällen auch tatsächlich so genannt. Einig scheinen sich nur alle von mir herangezogenen offiziellen Quellen darin zu sein, daß Schule für Schüler keine Arbeit bedeutet. Sie wird zumindest als »Arbeitsstelle« oder »Arbeitsplatz« für Schüler nie erwähnt. Schüler schreiben also Klassen-«Arbeiten«, ohne zu arbeiten. Wenn wir nun noch einmal kurz das Papier des Bundesministeriums für Bildung und Forschung zum »informellen Lernen« heranziehen, wird es begrifflich noch paradoxer, denn alle Menschen lernen demnach ihr Leben lang informell in ihren Lebens- und Berufszusammenhängen (s. bmb+f 2001, 2). Menschen, die in ihren Berufszusammenhängen lernen, werden dafür bezahlt. Bezahlte Arbeit ist der Typus von Arbeit, der den meisten Menschen Anerkennung verschafft. Die arbeitenden Kinder in Lateinamerika formulieren ebenso wie die deutschen, daß sie sich eben auch insbesondere über bezahlte Arbeit anerkannt fühlten, weil sie einen Beitrag zu ihrem ökonomischen Unterhalt lieferten, die Familie unterstützten und auch direkt zum Funktionieren der Wirtschaft beitrügen. Sie sind damit außerhalb des »Schonraums Schule«, der sie »auf das Leben vorbereiten« soll. Bloß die alltäglichen Lebensbedingungen haben sich verändert, während »Schule« das noch nicht durchgängig nachvollzogen hat [11]. Schule bedeutet für Schüler harte Arbeit, ist Arbeit, wird aber anders etikettiert. Schule fußt auf den Kriterien der Arbeitsgesellschaft und führt in sie ein. Auch aus sozialpsychologischer Sicht kann bei Schule nur von Arbeit gesprochen werden. Die Frage nach Lust oder Unlust können sich Schüler zwar stellen, doch wenn sie danach leben, zeigt die Erwerbsgesellschaft ihre Krallen. Nur wenn die Leistung stimmt, darf das Lustprinzip regieren.

Was heißt das? Die gegebene Argumentation zeigt auf, daß Schüler in der Schule, weil es sich um ein Zwangssystem handelt, ebenso arbeiten wie sozialversicherungspflichtige Arbeitnehmer. Sie haben festgesetzte und auch selbstbestimmbare Arbeitszeiten, haben zumindest ausreichende Produkte (Klassenarbeiten, mündliche Beiträge etc.) abzuliefern, sind durch Beurteilungen in die reale Welt eingebunden, müssen systematisch arbeiten und haben einen anerkannten Status. Bloß: Der Status berechtigt sie nicht vollwertige gesellschaftliche Mitglieder zu sein - sie sind Lernende, die erst noch in die Feinheiten eingewiesen werden müssen. Das widerspricht jedoch dem Prinzip des lebenslangen Lernens und auch latent der Aneignungsweise des kulturellen Kapitals. Schüler arbeiten aufgrund ihres Alters und den ihm zugemessenen Belastungen unterschiedlich lang. Die Aneignung kultureller Techniken im Sinne einer zivilisatorischen Menschwerdung, also außerschulischer Qualifikationen, die in der Schule virulent werden, verlangt gerade von Kindern in den Kindergärten und der Grundschule sehr viel Arbeit.

Bei solchen Gedanken droht argumentativ Ungemach. Wenn alles Arbeit ist, führt dies nicht zu mehr, sondern zu weniger Klarheit. Die Meßlatte, die ich über das Arbeitsförderungsgesetz anlegte, hilft aus dem Dilemma. Sie soll als analytischer Wert gesetzt werden, obwohl ich ihn in seinem Zustandekommen kritisiere. Ich zeigte mit den Charakteristika der bezahlten Arbeit auf, daß Schule für Schüler durchaus eine solche Arbeit ist, der »nur« die Anerkennung über die Bezahlung fehlt. Ähnlich wie bei der 100%-Hausfrau oder dem Hausmann werden Schulkinder abgeleitet bezahlt. Beide befinden sich - klassisch formuliert - in der Reproduktionssphäre unserer Gesellschaft und tragen damit unmittelbar zu deren Funktionieren bei. Über das Herrschafts- und Ordnungsprinzip der existenten Erwerbsarbeit wird ihnen der Erwerbsteil der Arbeit vorenthalten. Kinderarbeit ist auf der Basis von Erwerbsarbeit definiert und steckt ebenso wie Schul-Arbeit in der definitorischen Ausgrenzung, wobei in der Schul-Arbeit allerdings ein Überschneidungsbereich existiert, der in die Erwerbsgesellschaft weist: die erlaubte Kinderarbeit auf der Basis von Bezahlung.

Die Problemebene liegt also nicht im Begriff von »Arbeit« an sich, sondern in dem, was Gesellschaften aus Arbeit gemacht haben. Alle Ansätze zur Füllung eines anderen Begriffs von Arbeit - und da wiederhole ich mich - sind zum Scheitern verurteilt, wenn Arbeit die unterschiedlichen Wertungen erfährt und darüber in differente Status- und Belohnungssysteme einbindet, die als solche bereits ungleichheitsproduzierend sind. Kinder,

Jugendliche und alle anderen Gesellschaftsmitglieder sind, wenn sie im öffentlichen Raum leben, ein Spiegelbild für die ungleiche Bewertung von Arbeit. Wenn Schule als Arbeit anerkannt wäre und die derzeit erlaubte Kinderarbeit von Kindern obendrein geleistet würde, bräuchten wir wahrscheinlich eine neue Arbeitsschutzgesetzgebung für Kinder oder auch Jugendliche. Wenn ich davon ausgehe, daß Kinder oder Jugendliche heute vielfach etwa acht Stunden am Tag für die Schule schaffen und noch zwei oder drei Stunden Babysitting oder Zeitungaustragen hinzukommen, bräuchten wir eine Überstundenregelung oder ein völliges Verbot von Überstunden.

Ausbildung mit Grenzen

Nachdem ich mich in den letzten beiden Abschnitten dem Begriff von »Arbeit« genähert habe, um diesen allgemein und in Bezug auf Kinder und Jugendliche bestimmen zu können, geht es mir nun darum, das Verhältnis von Ausbildung und Beruf näher zu beleuchten. Der Schwerpunkt liegt bei den Jugendlichen, die aufgrund des Modernisierungsschubs Probleme bekommen haben, bruchlos in die Erwerbsgesellschaft integriert zu werden. Zunächst aber wiederhole ich einige bisher gemachte Aussagen, um einen inhaltlichen Bezug für die »Grenzen der Ausbildung« herzustellen.

Die Sozialisationsinstanz »Erwerbsarbeit« bröckelt und deshalb geht ihre Ordnungsfunktion zumindest latent verloren. Dieser Funktionsverlust trifft insbesondere Jugendliche, weil ihre Alltagswelt bereits von Beginn an durch Auflösungserscheinungen des »gesellschaftlichen Motors Arbeit« gezeichnet ist. Dadurch entstehen große Distanzen innerhalb und zwischen den Generationen, die mit der einhergehenden Individualisierungswelle noch verstärkt werden. Realitätsabgleiche zwischen Individuen aus verschiedenen Milieus finden kaum mehr statt. Interpretationen von Schule, Ausbildung, Beruf sowie persönlichen Lebenszielen sehen für Lehrer, Sozialpädagogen und Anleiter in Ausbildungsbetrieben anders aus als für die Ihnen anvertrauten Jugendlichen.

Qualifizierung und Berufsorientierung durchziehen oder prägen das Schul-, das sozialpädagogische und das Ausbildungssystem, doch sie transportieren für die Jugendlichen immer weniger aktuelle Normen. Relevanzverluste treten auf, die zu einer Entgrenzung des klassischen Lernens in Bildungsinstitutionen führen. Beispielsweise arbeiten nur noch 1/3 der Menschen in Berufen, für die sie ausgebildet wurden. Lebenslanges Lernen ohne einen a priori definierten Ort und eine festlegbare Zeitspanne tritt immer mehr in den Vordergrund.

Innerhalb des Projekts »Karrieren jenseits normaler Erwerbsarbeit« (Projektlaufzeit 5/1999 bis 12/2001), das das Deutsche Jugendinstitut (DJI) für das »Ministerium für Frauen, Jugend, Familie und Gesundheit« (MFJFG) des Landes Nordrhein-Westfalen durchführt, wurden 237 Jugendliche nach dem Zeitraum befragt, den sie hinsichtlich ihrer privaten und beruflichen Zukunftsüberlegungen in Betracht zögen. Ihnen wurden drei Varianten vorgegeben: die nächsten Monate, ein bis zwei Jahre, fünf Jahre und mehr. 38,8% gaben an, daß sich ihre Zukunftsplanungen lediglich auf die nächsten Monate bezögen, 32,2% fünf Jahre und mehr und 29,1% 1-2 Jahre. Die kürzesten Planungshorizonte benennen mehr weibliche (47%) als männliche Befragte (35%), häufiger Personen ohne bzw. mit mittleren Schulabschlüssen als Abiturienten (36% bzw. 40% zu 10%) und etwa im gleichen Umfang Deutsche und Nichtdeutsche. Fast 60% der Abiturienten benennen den längsten Planungszeitraum. Die Autorin dieser Studie, Nicole Kraheck, merkt zu den ermittelten Werten an, daß sich in den Antworten subjektive Dispositionen und antizipierte Zukunftsbedingungen und -ereignisse vermengten. So könne ein kurzfristig angelegter Planungshorizont Ausdruck eigener Planlosigkeit aber auch Antizipation der Unplanbarkeit des Lebenslaufs angesichts nicht beinflußbarer Ereignisse sein (s. MFJFG o.J., 35f).

Diese 237 Jugendlichen sind sicherlich nicht repräsentativ, weil deren Anzahl für eine generelle Schlußfolgerung zu gering ist und sie zweitens einem Milieu entstammen (Stadtteile mit besonderem Erneuerungsbedarf), das gesamtgesellschaftlich eher untypisch ist. Dennoch ist der für meine Fragestellung signifikante Unterschied zwischen den Schülern unterschiedlicher Schultypen sicherlich tendenziell auf andere Jugendliche übertragbar. So wird auch in der Zusammenfassung der eben herangezogenen Studie festgehalten: *»Je höher der erworbene Schulabschluß, desto größer die Wahrscheinlichkeit, dass die Befragten ihren weiteren Lebensweg länger planen.«* (MFJFG o.J., 42)

Der Zusammenhang von Jugendlichen, die untere oder gar keine Schulabschlüsse aufweisen, fällt folglich mit geringer zeitlicher Planungskompetenz zusammen. Bei »nicht-verwertbaren« Schulabschlüssen von jungen Menschen, die auf den Arbeitsmarkt drängen, besteht darüber hinaus überproportional die Gefahr, daß sie in Warteschleifen oder problematische Überbrückungsangebote abgeschoben werden (s. MFJGF o.J., 41). Mit diesen Aussagen liegt die Studie aus Nordrhein-Westfalen im Trend. Die schon in einem anderen Zusammenhang von mir herangezogene Veröffentlichung des bmf+b über »Berufliche Qualifizierung Benachteiligter Jugendlicher« aus dem Jahr 1999 (bmb+f 1999) kommt wie viele andere ebenfalls zu dem Schluß:

»Insbesondere jungen Menschen ohne Hauptschulabschluß, orientierungslosen Schulabsolvent(inn)en und jungen Frauen nicht deutscher Herkunft steht statt einer klaren beruflichen Perspektive eine ‚Patchworkbiographie' (Olk und Strikker ...) mit Hürden, Brüchen, Maßnahmekarrieren und Zeiten von Arbeitslosigkeit bevor.

Das Problem der Ausbildungslosigkeit wird um so dringlicher, schaut man sich die zukünftige Entwicklung des Beschäftigungssystems, speziell die Chancen für ‚Ungelernte' an.« (bmb+f 1999, 11f [Hervorh. im Orig.])

Da zukünftig etwa 50% aller Arbeitsplätze ohne formalen Berufsabschluß wegfallen (bmb+f 1999, 12), werden für immer mehr Jugendliche Maßnahmekarrieren und Patchwork-Arbeitsverläufe die Folge sein.

1996 befanden sich 110.000 Jugendliche in Maßnahmen, für die allein die Bundesanstalt für Arbeit etwa fünf Milliarden DM bereitgestellt hat (s. bmb+f 1999, 13).

Angesichts der Ausführungen zum »kulturellen Kapital« und zum »informellen Lernen« im Kapitel »Gebt der Jugend (k)eine Chance« sind die eben dargelegten Fakten keine Überraschung. In den meisten Schulen wird den ungleichen Voraussetzungen von Schülern nach wie vor nicht entsprechend Aufmerksamkeit gewidmet. Schulen fungieren demnach noch immer als »bürokratische Zuteilungsapparate von Zukunftschancen« (Schelsky). In der Veröffentlichung des bmb+f aus dem Jahr 1999 wird dieses Dilemma konsequent benannt:

»Gerade an der Schnittstelle zwischen Schule und Beruf zeigt sich am deutlichsten, daß Schule ihren Bildungs- und Erziehungsauftrag für

einen Teil der Jugendlichen nicht ausreichend erfüllen kann. So wird kritisiert, daß viele Schülerinnen und Schüler selbst nach 10 Jahren Schule noch nicht einmal die Grundrechenarten beherrschen. Oder es wird bemängelt, daß viele Schüler/innen nur eingeschränkte Fähigkeiten zur schriftlichen und mündlichen Kommunikation haben, Vorgänge nicht beschreiben oder selbst einfache Sachverhalte nicht schildern können. Aufgrund der Änderung der Produktionsstrukturen und Qualifikationsanforderungen erhalten solche ‚berufsübergreifenden' Qualifikationen eine große Bedeutung. Jugendliche, die diese in der Schule nicht lernten, haben bei der Suche nach Lehrstellen meist schlechtere Startchancen und bedürfen deshalb einer besonderen Förderung.« (bmb+f 1999, 15)

Direkt im Anschluß an diese Textstelle werden Zusammenhänge benannt, in denen sich dieses Scheitern abspielt: Mediengesellschaft, Wertewandel, Scheidungsraten, Autoritätsverlust; die Schule sei bei diesen Veränderungen nicht mitgekommen:

»Auf abweichende Umwelterfahrungen wie unzureichende Sprachvoraussetzungen, häusliche Probleme oder individuellen Förderbedarf ist die Schulpädagogik in aller Regel nicht eingestellt.« (bmb+f 1999, 15)

Die kurze Diagnose, wie sie in der Veröffentlichung dargelegt wird, habe ich für das Lernen in ähnlicher Zuspitzung schon dargelegt. Das bmb+f bleibt allerdings bei der Diagnose stehen und überantwortet die »Lösung« einer sich der Schule anschließenden Instanz, anstatt dem Problem an die Wurzeln zu gehen. Wenn das Schulsystem tatsächlich in Teilbereichen nicht auf der Höhe der Zeit ist, warum wird dieses nicht geändert? Warum schauen wir sehenden Auges einem vorhersehbaren Scheitern zu, ohne etwas dagegen zu tun?

Der Jugendsozialarbeit [12] obliegt heute die verspätete Aufgabe, »Versäumnisse«, die in »Defizite von Schülern« umbenannt werden, aufzuarbeiten. Sie hat einen »individuellen Förderbedarf« für »benachteiligte Jugendliche« vorzuhalten.

Im Dezember 1999 hat das Deutsche Jugendinstitut (DJI) einen Abschlußbericht zum Wettbewerb »Neue Praxismodelle zur sozialen und beruflichen Integration von Jugendlichen« unter dem Titel »Fit für Leben und Arbeit« veröffentlicht. Darin sind bemerkenswerte Projekte beschrieben, die sich mit Schule, Schulverweigerung, Jugendwohnen, (interkulturreller) Aus- und Fortbildung oder auch dualer Ausbildung befassen. Zielgruppen sind Mädchen, junge Mütter, Jungen und Behinderte, die als »benachteiligte Jugendliche« gefaßt werden. Ihnen wird mit (sozial-) pädagogischen Methoden begegnet, die besondere Motivationsanreize (Zirkus, Internet, Sport, Denkmalschutz usw.) beinhalten und die entsprechend den Voraussetzungen meist niedrigschwellig ansetzen. Anstelle des Förderns soll nach und nach das Fördern und Fordern treten (s. DJI 2000).

Nach einer Laufzeit von vier Jahren (1998 bis 2001) hat wiederum das DJI einen Abschlußbericht zum Bundesmodellprogramm »Arbeitsweltbezogene Jugendsozialarbeit« vorgelegt. Mit diesem Programm sollten zu den Problemfeldern Schulmüdigkeit, Schulverweigerung und Schulabbruch modellhaft Lösungen zur gesellschaftlichen und beruflichen Integration durch betriebsförmige, betriebsähnliche »Jugendhilfebetriebe« sowie betriebliche Ausbildungen für benachteiligte Jugendliche entwickelt und auf den Weg gebracht werden (s. DJI 2001). Auch dieses Programm enthält sehr viele positive praxisrelevante Bausteine, um benachteiligte Jugendliche zu integrieren. Das Motto bezieht sich auf das eben schon herangezogene Begriffspaar »Fördern und Fordern«. Jugendliche sollen zunächst an die Belastungen eines strukturierten Alltags herangeführt werden, damit sie in ihrer beruflichen Entwicklung gefördert und anschließend gefordert werden können. Zwischen Jugendlichen, Ausbildern und sozialpädagogischen Begleitern oder Betreuern wird ein individuelles, variables Begleitund Unterstützungsprogramm entwickelt und umgesetzt (»Case Management«). Jugendliche sollen damit beruflich und sozialisatorisch gefördert werden, ohne überfordert zu sein. [13] Das bezeichnen die begleitenden Forscher als die »pädagogische Herausforderung« (s. DJI 2001, 13f).

Der DJI-Mitarbeiter Frank Braun schreibt, daß zwischen dem sozialpolitischen und dem pädagogischen Prinzip des »Förderns und Forderns« durchaus Unterschiede bestehen. Indem er sich auf Heinze/Schmid/Strünk bezieht, führt er zum sozialpolitischen Prinzip aus:

»Im sozialpolitischen Prinzip sind Fördern und Fordern zwei Seiten derselben Medaille: Rechte werden mit Pflichten verbunden, auch um die ,Legitimation des Wohlfahrtsstaates aufrechtzuerhalten, indem die Be-

*deutung des individuellen Beitrags zur sozialen Sicherung wieder stär-
ker hervorgehoben wird' (...).«* (DJI 2001, 10)

Wenn die Leistungsempfänger allerdings zur »Teilnahme an Aktivitäten
von fragwürdiger Qualität gezwungen« (Braun) werden, dürfte das sozialpolitische Prinzip in Frage gestellt sein. Das pädagogische Prinzip nimmt
die Persönlichkeitsentwicklung im Arbeitsprozeß ins Blickfeld und ergänzt
die qualifizierende Seite um pädagogisch begründbare und lernfördernde
Formen der Arbeitsgestaltung (s. DJI 2001, 10).

Das Verhältnis von sozialpolitischem und pädagogischem Prinzip ist in
der Praxis durchaus spannungsgeladen, denn die ökonomische Seite, das
Fordern, hat in der alltäglichen Bearbeitung ein Übergewicht. Die individuellen Hintergründe der Jugendlichen werden pauschaliert und oft in
eigenartiger Weise durch die Fordernden (Pädagogen, Politiker etc.) aufgrund ihrer eigenen Biographie in einen wenig realitätshaltigen Zusammenhang gebracht. Das Verweigernde, das Arbeitsscheue oder das Faule
bei den heutigen benachteiligten Jugendlichen, das auf der phänomerno-
logischen Ebene durchaus vorzufinden ist, tritt durch das Überstülpen
»anderer« - nämlich eigener - biographischer Wege oder Möglichkeiten
unzulässig in den Vordergrund. Um die Jugendlichen zu verstehen, die sich
in einer prekären beruflichen Situation befinden, reicht es nicht hin, die
eigene Sicht der Dinge als Interpretationsmaßstab anzusetzen. Wir können
die Lebenswelt der Jugendlichen nur begreifen, wenn wir uns explizit auf
ihre Situation einlassen und unsere eigenen Denkmuster überprüfen. Die
reine Außenbetrachtung nach dem Motto »Wer Arbeit sucht, findet auch
eine.« führt zur Dominanz des Ökonomischen und verschüttet individuelle
Lebenswege. Bertholt Brecht schrieb Ende 1940 in sein Tagebuch, daß in
den demokratischen Ländern der gewalttätige Charakter, welcher der Wirtschaft innewohne, nicht offenbar werde.

Auch Brecht kritisiert die Logik, nach der das Ökonomische über dem
Individuellen steht, obwohl sie - und das ist auf den ersten Blick paradox
- individuell begründet wird. Prozesse, die außerhalb der direkten Erfahrungswelt von Individuen stattfinden, werden sterotyp besetzt. Vielschichtige
Interpretationen werden nicht auf die Ebene des Bewußtseins gehoben. So
gewinnt das »Fordern« in der Alltagswelt der meisten Menschen die

Oberhand über das »Fördern«. Eine Aussage wie »Sie hätten ja schon in der Schule aufpassen können!« ist dann eine oft gehörte Killerphrase.

Aber auch selbst bei gut gelungenen Bildungsprozessen bleibt eine schon von mir geäußerte Kritik bestehen: Bildung und Qualifikation haben nur so lange einen Wert, wie sie zumindest relativ exklusiv sind. Im Prinzip rennen wir einer Fiktion hinterher. Wenn Bildungsabschlüsse und informelle Fähigkeiten und Fertigkeiten inflationär werden, zerrinnt deren Exklusivität, so daß weitere Kriterien zur Hierarchisierung herangezogen werden müssen. Anstellungsträger haben schon heute in einigen für Jugendliche attraktiven Bereichen die freie Auswahl. Bei Banken bewerben sich unterdessen so viele Abiturienten, daß ein interner numerus clausus definiert werden kann, der um Verhaltenskodizes erweitert wird. Die Banken beurteilen zurecht die Leistung nebst wünschbarem Verhalten, doch wird gleichzeitig die Ideologie bedient, daß die Guten gewinnen. Die Banken folgen einer ihnen genehmen Logik, die aus ihrer Innensicht notwendig ist, die aber gesellschaftlich gesehen bestehende Ungleichheiten aufnimmt und zementiert. Alle aber können nicht »gut« sein. Es kann nur Gewinner geben, wenn mindestens genauso viele Verlierer vorhanden sind. Die Idee von Pierre de Coubertin zu den Olympischen Spielen »Dabei sein ist alles« war selbst dort nur von kurzer Dauer.

Diejenigen Jugendlichen, die heute nicht die Klaviatur der Auswahl bedienen können, werden individuell ausgegrenzt. Das Ausgeschlossensein ist, wie ich schon schrieb, ein »massenhaft individuelles Schicksal« (Wacker). Nicht nur die Schule ist daran beteiligt, sondern auch die Jugendsozialarbeit.

Für den bereits herangezogenen Wettbewerb »Fit für Leben und Arbeit« gibt es auch filmische Darstellungen zu einigen prämierten Projekten. In einem Beitrag wird ein »Streetball-Projekt« vorgestellt, das mit den Methoden klassischer Streetwork arbeitet. Die das Projekt betreuenden Sozialpädagogen begleiten die Jugendlichen durchaus auch zum Arbeitsamt. Eine Szene gibt ein Gespräch zwischen einer Jugendlichen, ihrer Mutter, der sie begleitenden Sozialpädagogin und einem Berufsberater des Arbeitsamtes wieder. Nach einigen Erörterungen zum Lernverhalten der Jugendlichen sagt der Arbeitsamtsberater, daß sie lernbehindert sei. Die Jugendliche wirkt offensichtlich sehr betroffen. Der Berufsberater fährt fast unbeirrt fort, daß das aber nicht schlimm sei, weil sie ja deswegen besondere

Förderungen bekommen könne, die sonst nicht möglich wären. Ein klassifizierender Verwaltungsakt ist Voraussetzung für eine Förderung. Das Mädchen muß erst stigmatisiert werden, damit es etwas eigentlich Selbstverständliches bekommt.

Ähnliche kurios anmutende Interventionen gibt es auch aufgrund fehlender Abstimmung im behördlichen Handeln. Wer beispielsweise in Niedersachsen sein Berufsgrundbildungsjahr (BGJ) absolviert, kann beim Scheitern durchaus Vorteile gegenüber denjenigen haben, die es geschafft haben. Wer durchfällt, erhält eine neue Chance über die Benachteiligtenförderung und kann in diesem Rahmen eine Lehre absolvieren. Wer das BGJ schafft, kann bei der Suche nach einem Ausbildungsplatz auf der Strecke bleiben. In diesen beiden Fällen gehört der Slogan, daß in jeder Krise eine Chance stecke, umgedeutet: Stigmatisierung als Chance.

In der Innensicht vieler Projekte gegen Jugendarbeitslosigkeit spielt erneut drohende Arbeitslosigkeit für die Teilnehmenden kaum eine oder gar keine Rolle. Das herangezogene Modellprogramm »Fit für Leben und Arbeit« kann vielleicht ein Mosaikstein sein, um 1998 Kritisiertes zu korrigieren. Der Bremer Hochschullehrer Krafeld vertrat damals die Position, daß es in Berufsvorbereitungs- und Beschäftigungsmaßnahmen, Arbeitslosigkeit möglichst gelingend zu bewältigen, kaum ein Thema sei. Die Projektleiter entsprechender Maßnahmen antworteten

»(...) durchgängig, ohne Ausnahme (...), daß sie sich mit jener Kehrseite der Arbeitsmarktorientierung, nämlich der Frage: ‚Was ist, wenn Du keinen Job findest?' bislang nicht beschäftigen, obwohl sich auf jener Kehrseite des Arbeitsmarktes nach Maßnahmen oft sehr schnell bis zu 90% der TeilnehmerInnen befinden werden.« (Krafeld, Jugendhilfe in Niedersachsen, Nr. 13, 1998, S. 8)

Die Aussage Krafelds weist in die Richtung, daß Jugendliche selbst nach dem Durchlaufen einer Maßnahme in der Benachteiligtenförderung keine ernsthaften Unterstützungen mehr zur Integration in den Arbeitsmarkt erwarten dürfen. Mit seinem im Jahr 2000 erschienenen Buch »Die überflüssige Jugend der Arbeitsgesellschaft. Eine Herausforderung an die Pädagogik« (Opladen) geht Krafeld konsequent in dieser Richtung weiter. Mehr noch: Die Beschreibung dieser Umstände wird rasch als Zynismus gedeutet, womit die Schuld dann beim »Zyniker« läge; Hiob ist schuld.

»Bis heute gilt in unserer Gesellschaft ein Deutungsmuster, nach dem eine Integration in die Arbeitsgesellschaft prinzipiell für alle erreichbar sei, ein Deutungsmuster, das Hübner/Ulrich schon vor Jahren sehr treffend als ‚Illusionskartell' bezeichnet haben (...). Und jeder Versuch, über dieses ‚Illusionskartell' hinauszudenken, wird in der Praxis oft sogar mit dem Argument abgewehrt, daß das den Betroffenen nicht auch noch zugemutet werden könne angesichts der besonderen Belastungen, die gerade benachteiligte Jugendliche bei Arbeitslosigkeit durchleben müssen.« (Krafeld 2000, 9)

Krafeld führt mit seinem Buch ein Plädoyer für eine »Bewältigungsforschung« zur Arbeitslosigkeit, statt der seit Jahrzehnten existenten Belastungsforschung anzuhängen. Bei der Bewältigungsforschung steht nicht das Leiden an Arbeitslosigkeit, sondern die mehr oder minder aktive Bewältigung des Lebensalltags mit ihren durch Arbeitslosigkeit verbundenen Belastungen im Vordergrund.

»Ziel der vorliegenden Studie ist denn auch, bislang vorhandene - aber oft wenig beachtete - Erkenntnisse und Erfahrungen mit der Bewältigung ungewisser Wege ins Berufsleben zusammenzutragen, aufzuarbeiten und weiterzuführen.« (Krafeld 2000, 14)

Der derzeitig vorherrschende Umgang mit Arbeitslosigkeit trägt zur Potenzierung von Problemen für Jugendliche bei, statt diese abzubauen. In diesem Ensemble sieht Krafeld für die Pädagogik eine große Herausforderung und bezieht sich in seiner Begründung auf den Bildungsforscher Ribolits:

»Wird Pädagogik nicht darin gesehen, die Bedingung der Möglichkeit der Befreiung des Menschen von gesellschaftlicher Verzweckung einzufordern, so liefert sie sich selbst der Funktionalisierung aus.« (Ribolits [2]1997, 299)

Die »Entzweckung« der Pädagogik darf allerdings nicht dazu führen, unrealistische Ziele zu setzen [14], die zwar der Lebenslage der Jugendlichen entsprechen mögen, sich jedoch von der Erwerbsgesellschaft zu weit entfernen und den Jugendlichen so eher schaden als nutzen. Sonst besteht für (Sozial-) Pädagogen die Gefahr, zu Zeitgeistsurfern zu werden, wenn Jugendliche nämlich ihre Alltagserfahrung in pädagogischen Zusammenhängen verabsolutieren können und darin auch noch »bedient« werden. Viele Jugendliche empfinden oft schon wohldosierte Fremdheiten als Zumutung. Für Jugendliche sind verständlicherweise oft Themenbereiche zentral, die ihnen sehr nahe sind (aus Peergroups, Familien). Allein zu große Nähe aber führt dazu, »nur« emotionale Situationen fortzusetzen. Zu große Distanz über eine Funktionalisierung der (Sozial-) Pädagogik für rein arbeitsmarktliche Zwecke hat für die Jugendlichen Beliebigkeit zur Folge, wenn das Ziel diffus bleibt oder nicht erreicht werden kann. Orientierungs- und damit auch Qualifizierungsprozesse dürfen nicht ohne einen realistischen Rahmen stattfinden, sonst sind sie »Hilfsmittel« zum Aussteigen aus gesellschaftlicher Wertigkeit.

Straus/Höfer vom Institut für Praxisforschung und Projektberatung in München untersuchen in einer Studie die Bedeutung von Erwerbsarbeit für die Identität junger Erwachsener. Bei der Analyse der Erwerbsarbeit aus Sicht der benachteiligten Jugendlichen beziehen sie sich auf zwei vom Göttinger Soziologen Baethge entwickelte Typen: Typ I: sinnhaft-subjektiv bezogene Arbeitsorientierung, die über den unmittelbaren Verwertungsaspekt von Arbeit hinausgeht; Typ II: materiell-reproduktionsbezogene Arbeitsorientierung (vgl. Straus/Höfer 1998, 11).

Sie kommen zu dem Ergebnis, daß auch benachteiligte Jugendliche sich nicht mehr auf die Arbeit, sondern die Arbeit auf sich beziehen. Eine zunehmende Subjektivierung des Arbeitsprozesses ist die Folge. Sie wollen im Sinne einer sinnhaft-subjektiv bezogenen Arbeitsorientierung ihre Identität nicht »an der Garderobe der Firma« abgeben. Die Erwerbsarbeit bildet somit den Rahmen für eine der zentralen lebensweltbezogenen Teilidentitäten (s. Straus/Höfer 1998, 15).

Die Autoren entwickeln aus ihrer Analyse vier denkbare Szenarien zur Arbeitsidentität der benachteiligten Jugendlichen:

1. das knapper werdende Gut Arbeit führt zu einer verstärkten Sinnorientierung an Arbeit,

2. mit beruflichen Anstrengungen wird ein Fatalismus verbunden (»Ich mach's, aber es hat eh keinen Sinn.«),

3. das Gefühl von Austauschbarkeit im Erwerbsprozeß wird zu einer Kernvariable beruflicher Erfahrung, die eine an den Beruf und die Arbeit

gekoppelte Identifizierung weitgehend unmöglich macht (Jobmentalität) und

4. der gesellschaftliche Diskurs relativiert Erwerbsarbeit und andere Formen von Arbeit (wie Ehrenamt, freiwillige soziale Arbeit oder Beziehungsarbeit) treten an ihre Stelle (s. Straus/Höfer 1998, 16f). Nur wenn diese genannten anderen Formen von Arbeit Bedeutung gewinnen, so schließen die Autoren ihren Artikel, kann Erwerbsarbeit ihre sinnstiftende Relevanz verlieren. Diese Umbewertung von Arbeit wird zwar vielerorts propagiert, doch ist sie bewußtseinsmäßig in den Köpfen der Menschen noch lange nicht angekommen.

In einer Studie zum Thema »Lebenslang oder Übergang? Berufspläne junger Facharbeiter« untersucht Peter Kupka vom Soziologischen Forschungsinstitut in Göttingen das Verhältnis von industrieller gewerblich-technischer Ausbildung, dem Arbeitseinsatz und den beruflichen Entwicklungsmöglichkeiten für Facharbeiter auf der einen, den berufsbiographischen Vorstellungen von jugendlichen Facharbeitern auf der anderen Seite (Kupka 1998). Er stellt im Gegensatz zur alltäglichen Auffassung zu Auszubildenden und jungen Facharbeitern fest, daß sich die überwiegende Mehrheit von ihnen (fast 75%) für einen Facharbeiterberuf entschieden hätten und nicht das Abitur anstrebten. 62% aller Befragten haben ihren Wunschberuf oder einen gleichwertigen erhalten und 13% haben sich innerhalb des gewerblichen Bereichs umorientiert. Die überwiegende Mehrheit von ihnen muß offenbar am Ende der Schulzeit eine Entscheidung für eine Ausbildung getroffen haben. Dies bestätigt durchaus auch das Bewerbungsverhalten der Jugendlichen; 60% der Befragten hatten sich ausschließlich für diesen Berufszweig entschieden. Die Hauptmotivation für die Aufnahme einer gewerblichen Ausbildung lag an dem Interesse an einer praktisch orientierten Tätigkeit. Sie hatten von der Schule die Nase voll und wollten eigenes Geld verdienen, statt abhängig zu sein (s. Kupka 1998, 19f).

Für diese Jugendlichen stehen Motive der persönlichen Entwicklung neben denen des beruflichen Kompetenzerwerbs bzw. werden mit diesen in Verbindung gebracht. Auch hier läßt sich also feststellen, daß die Jugendlichen die Arbeit auf sich selbst beziehen. Bei den Auszubildenden liegt die subjektiv-sinnhafte Dimension der Arbeit deutlich über der der

Facharbeiter (s. Kupka 1998, 22). Die befragten jungen Facharbeiter weisen keine ausgeprägte soziale Zuordnung zu berufs- und statusbezogenen Aktivitäten auf, sondern sind eher in wohnorts- oder altershomogenen Peergrous zu finden. Dennoch spielt Arbeit in ihrem auf Dauer angelegten berufsbiographischen Konzept eine bedeutende Rolle. Dies wird insbesondere dann deutlich, wenn die Entwicklungsmöglichkeiten im Betrieb als unzureichend empfunden werden. Das massive Bedürfnis nach Entwicklung beruht vermutlich auf sozialisatorischen Voraussetzungen. Kupka schließt seine Vorstellung des Forschungsprojekts mit der Prognose, daß

»(...) es sich weniger auf der subjektiven Seite, sondern in den Betrieben selbst entscheidet, ob der Facharbeiter im industriellen Bereich noch eine Zukunft hat. Wenn die Betriebe in der Lage sind, Absolventen einer gewerblich technischen Ausbildung adäquate Arbeitsbedingungen und berufliche - und damit auch persönliche - Entwicklungsmöglichkeiten zu bieten, wird es auch in Zukunft genügend junge Leute geben, die sich für einen Facharbeiterberuf entscheiden und diesen auch selbst ausüben wollen.« (Kupka 1998, 26f).

Für Jugendliche ist also nicht nur zentral, eine subjektiv sinnvolle Arbeit auszuüben, sondern mit ihr auch eine persönliche Zukunft zu erlangen.

»Ausbildung mit Grenzen« verkörpert für Jugendliche, daß sie bewußt oder unbewußt mit vielfältigen Problemebenen konfrontiert werden. Ich habe aufgezeigt, daß

- das soziale Milieu, aus dem die Jugendlichen stammen, Folgen für ihre Zukunftsgestaltung hat,

- Schulabschlüsse schon lange keine Garanten für beruflichen Erfolg mehr sind,

- eine »Nicht-Verwertbarkeit« von Zeugnissen oder Abschlüssen aufgrund des Konkurrenzdruckes in ihr alltägliches Leben Einzug gehalten hat,

- die Jugendberufshilfe auch »nur« eine individualisierende Antwort auf Jugendarbeitslosigkeit geben kann,

- Erwerbsarbeit von Jugendlichen nach wie vor für sehr wichtig gehalten wird und

- die Erwerbsarbeit für Jugendliche eine subjektiv-sinnhafte Dimension enthält.

Verdeutlicht habe ich aber auch, daß es neben den schon aufgezeigten ungleichheitsproduzierenden Faktoren noch weitere Problemebenen gibt, die die Jugendlichen zu Objekten eines gesellschaftlichen Prozesses machen. Die Konkurrenz von sozialpolitischen und (sozial-) pädagogischen Prämissen steht in diesem Abschnitt exemplarisch dafür. Wie mit all diesen Unwägbarkeiten letztlich umgegangen wird, hängt von den Individuen selbst ab.

»Die Beschäftigungskrise zieht allzu häufig für die Betroffenen eine persönliche Krise nach sich. Diese aber begünstigt einen partiell gesunden Egozentrismus, der vor allem nach dem eigenen Vorteil oder Nutzen fragen läßt; er erschwert aber häufig den Aufbau tragfähiger sozialer Beziehungen.« (vgl. Wacker, 1999, 67f)

Das Defizitkonzept zu den Folgen von Arbeitslosigkeit geht davon aus, daß sich die Wahrnehmung einer arbeitslosen Person einseitig auf sein Verhältnis zur Erwerbssphäre ausrichtet und den Blick und die Rückbesinnung auf die vorhandenen Fähigkeiten, Talente, auf die Fertigkeiten, Interessen und Vorlieben trübt. Sich dem Druck des Arbeitsmarktes und sich auch staatlich verordneten Maßnahmen latent zu entziehen, bezeichnet Wacker als gesunde Reaktion. Letztlich können nur eigene Stärken und realistisches Herangehen erfolgversprechend sein (s. Wacker 1999, 68).

Leistung ist heute kein Garant mehr für beruflichen Erfolg. Nach wie vor ist sie allerdings sehr hilfreich als Einstiegskriterium. Die Bildungsexpansion mag mehr Bildungschancen eröffnet haben, aber sie hat deshalb nicht mehr Bildungsgerechtigkeit gebracht.

Was heißt dies für (Sozial-) Pädagogen in der Jugendhilfe? Professionell Tätige haben Übersetzungsaufgaben. Wichtig ist dabei, »feine Unterschiede« zu kennen und realistische Vorstellungen von praktischer Tätigkeit zu haben, die auch die Instanz »Erwerbsarbeit« beinhalten. Denn eine zur gesellschaftlichen Situation schief angelegte Erziehung zur »eigenverantwortlichen und gemeinschaftsfähigen Persönlichkeit« wirft mehr Probleme auf, als sie beseitigt.

Trotz vielfältiger Förderprogramme steigt der Anteil der Jugendlichen, die nur mittels einer Maßnahme zur Qualifizierung und Beschäftigung notdürftig den Anschluß an Berufsbildung und Arbeitsleben erreichen.

Ca. 12 % der jungen Erwachsenen im Alter von 20 bis 30 Jahren fehlt in der Bundesrepublik der Berufsabschluß (s. BMFSJ 1998b, Projekt 43.11).

Zudem können wir heute besonders benachteiligte Jugendliche mit schulischen und sozialpädagogischen Angeboten kaum mehr ansprechen. Wir treffen auf immer mehr junge Menschen, die die Hoffnung auf eine Erwerbskarriere schon aufgegeben haben. D.h., wir haben es mit einer Klientelerweiterung zu tun, für die die bisherigen Ansätze kaum mehr hinreichend sind. Im Sommer 2001 schilderte mir eine Sozialpädagogin, die in einer Qualifizierungsmaßnahme für Jugendliche tätig ist: „Der Rahm ist abgeschöpft. Die anderen Jugendlichen erreichen wir nicht mehr. Die müßten wir mit einem Lasso einfangen.»

Sozialisatorische Differenzen zwischen dem Herkunftsmilieu und gesellschaftlichen Erwartungen führen häufig zur dauerhaften Benachteiligung im Erwerbsleben.

Für den Berliner Politologen Grottian wird jeder fünfte Jugendliche zu »gesellschaftspolitischem Schrott« erklärt, da für sie keine Lehrstellen, Arbeitsplätze oder gar genügend Wohnraum zur Verfügung stehen. Auch gibt es unter ihnen erschreckend viele Sozialhilfeempfänger und eine sehr hohe Selbstmordrate. Was passiert? Kein Aufschrei, keine Revolte, eine »Last-minute-Lehrstellen-Initiative mit Peanuts-Effekt« ist das einzige Signal in der Schweigsamkeit (s. Grottian 1998, 61).

Die SPD-Bündnis 90/Die Grünen-Bundesregierung trat 1998 mit folgender Prämisse zur Jugendarbeitslosigkeit an:

»Die neue Bundesregierung wird unmittelbar nach Amtsantritt eine Offensive zur Bekämpfung der Jugendarbeitslosigkeit starten. Mit einem Sofortprogramm sollen 100.000 Jugendliche so schnell wie möglich in Ausbildung und Beschäftigung gebracht werden. Dabei wird ein besonderer Schwerpunkt in Ostdeutschland gesetzt.

Im Mittelpunkt des Sofortprogramms steht die Vermittlung in betriebliche Ausbildungs- und Arbeitsplätze. Jugendliche, die zur Zeit keine Vermittlungschance haben, sollen durch Qualifizierung auf eine Ausbildung vorbereitet oder in eine sinnvolle Beschäftigung gebracht werden. Zu dem Sofortprogramm gehört auch die Möglichkeit, Schulabschlüsse nachzuholen. Alle Jugendlichen, die länger als sechs Monate arbeitslos sind,

sollen einen Ausbildungsplatz, einen Arbeitsplatz oder eine Fördermaß-
nahme erhalten.

*Für die Finanzierung dieses Programms werden vor allem Mittel ein-
gesetzt, die sonst für die Bezahlung der Jugendarbeitslosigkeit ausgege-
ben werden müßten.«* [15]

Statistisch gesehen ist das Programm bisher erfolgreich abgelaufen und
hat auch vielen Jugendlichen eine Perspektive erschließen geholfen. Die
Logik des Förderns und Forderns nach sozialpolitischer Maßgabe ist aber
dennoch ein Bestandteil der Bekämpfung von Jugendarbeitslosigkeit
geblieben oder in Teilen sogar verstärkt worden.

Die Lösung - im Sinne *einer* Lösung - gibt es sicherlich nicht. Es gibt aber
gesellschaftliche Kräfte, die suggerieren, *die* Lösung zu kennen. Über die
Analyse gesellschaftlicher Verhältnisse habe ich deutlich gemacht, daß es
heute sehr viele unsichtbare Grenzen der Wahrnehmung gibt, die letztlich
von Gruppenegoismen gezogen werden. In der (Sozial-) Pädagogik stehen
Professionelle immer wieder vor der Frage, wie unterschiedlichen Interessen begegnet werden kann, denn oft weisen theoretische Erkenntnisse in
eine andere Richtung als praktische Erfordernisse. Ambivalentes Denken
ist gefragt. Ambivalentes Denken darf aber nicht reduziert sein auf das
Austarieren oder Aushalten von Widersprüchen, sondern braucht einen
Zielhorizont, der die aktuellen Maßnahmen und Ansätze bündeln und
zuschneiden hilft.

Anmerkungen

[1] In meinem Buch »Armut, Arbeitslosigkeit, Selbsthilfe« (Bochum 1992) widme
ich mich dem Thema »Arbeit« in wesentlich größerer Ausführlichkeit. Ein Teil
der dort formulierten Aussagen findet sich in komprimierter Form in diesem
Abschnitt wieder. Auch ziehe ich für diesen Abschnitt einen Artikel heran, den
ich 1995 veröffentlicht habe: Finkeldey, Lutz 1995b: Sackgasse Erwerbsarbeit -
oder: Anders arbeiten?!, in: Gustav-Heinemann-Initiative (Hg.): Armut zerstört
Bürgerrechte, Stuttgart, S. 8-14.

[2] »Labor« (lat./engl.), »pónos« (griech.), »travail« (franz.) oder auch »Arbeit«
bedeuten ursprünglich Mühsal.

[3] Dieser Gedanke findet sich auch bei Hannah Arendt in ihrem 1960 erschienenen
Buch »Vita activa oder vom tätigen Leben«. Handeln ist für Hannah Arendt eine
zentrale Kategorie für menschliches Leben, denn sie bedarf für ihre Verrichtung
des menschlichen Wortes. Für andere Tätigkeiten spielen Worte eine untergeordnete Rolle (s. Arendt 1960, 168).

[4] Lafargue, Paul ²1991: Das Recht auf Faulheit und andere Satiren, Berlin

[5] Die Studie »Die Arbeitslosen von Marienthal« wurde erstmalig 1933 von der »Österreichischen Wirtschaftspsychologischen Forschungsstelle« bearbeitet und herausgegeben und im Verlag von S. Hirzel (Leipzig) veröffentlicht. Ein Nachdruck erschien 1983 in Wien, und zwar in dem Buch: Kreuzer, Franz/Jahoda, Marie (1983): Des Menschen hohe Braut. Arbeit, Freizeit, Arbeitslosigkeit - Franz Kreuzer im Gespräch mit Marie Jahoda fünfzig Jahre nach der Untersuchung *Die Arbeitslosen von Marienthal*, Wien (Franz Deuticke Verlag)

[6] In der herangezogenen Publikation der ILO sind in den Tables 3 und 4 für alle Mitgliedsstaaten die Alterspanne für die Schulpflicht, das Mindestbasisalter für Arbeit, leichte und gefährliche Arbeit tabellarisch aufgelistet (s. ILO 1996, 36-46).

[7] Die »Konvention über die Rechte des Kindes« trat am 2.9.1990 aufgrund eines Beschlusses der UN-Vollversammlung in Kraft. In Art. 32 heißt es beispielsweise: »*(1) Die Vertragsstaaten erkennen das Recht des Kindes an, vor wirtschaftlicher Ausbeutung geschützt und nicht zu einer Arbeit herangezogen zu werden, die Gefahren mit sich bringen, die Erziehung des Kindes behindern oder die Gesundheit des Kindes oder seine körperliche, geistige, seelische, sittliche oder soziale Entwicklung schädigen könnte.*« Ebenso wie in der ILO-Konvention sind die Mitgliedsstaaten aufgefordert, angemessene Altersregelungen sowie Arbeitszeit und -bedingungen festzulegen (s. UNICEF [1996]: Zur Situation der Kinder in der Welt. Kinderarbeit 1997, Frankfurt/M.).

[8] S. dazu insb. den Abschnitt »Arbeit als bröckelndes Vorbild« in diesem Buch.

[9] Die Studie des MAGS NRW wurde aufgrund der geänderten Fassung des JArbSchG vom 15.10.1984 erstellt; inzwischen gab es eine weitere Änderung vom 26.1.1998. Ich beziehe mich in meinem Text auf die neuere Fassung, wenn ich die Studie aus NRW heranziehe, gilt die alte.

[10] Die »National Coalition«, die in Deutschland Formulierung und Einhaltung der UN Kinderrechte als Interessenvertretung betreibt, kritisiert immer wieder Versäumnisse bei der Realisierung von Kinderrechten; so z.B. 1999 bezüglich der Reform des Kindschaftsrechts (s. Borsche 1999, 14-16). Die National Coalition ist über die »Arbeitsgemeinschaft für Jugendhilfe« in Bonn erreichbar (Haager Weg 44, 53127 Bonn).

[11] Eine ausführlichere Auseinandersetzung mit diesem Thema führe ich in dem Abschnitt »Gebt der Jugend (k)eine Chance«.

[12] Die Jugendsozialarbeit stellt eine der vielen fachlichen Aufgaben der Kinder- und Jugendhilfe dar. »Die Theorie der Jugendhilfe liefert die Sozialpädagogik. Sozialpädagogik ist allerdings nicht nur als Theorie zu verstehen, durch das Wort ‚Pädagogik' ist auch immer gleichzeitig die Praxis gemeint.« (Mollenhauer n. Schilling 1997, 121)

Zum besseren Verständnis stelle ich zunächst die vier fachlichen Schwerpunkte der Kinder- und Jugendhilfe und anschließend die Arbeitsgebiete der Jugendberufshilfe innerhalb der Jugendsozialarbeit kurz vor.

Fachliche Schwerpunkte der Kinder- und Jugendhilfe Jugendarbeit, Förderung der Jugendverbände, Jugendsozialarbeit, erzieherischer Kinder- und Jugendschutz (§§ 11-14 KJHG). Dazu gehören z.B.: offene Angebote wie Jugendzentren, Ferienfreizeiten, Jugendgruppen, geschlechtsspezifische AngebotJugendsozialarbeit mit der Jugendberufshilfe und dem erzieherischen   Kinder- und Jugendschutz. Förderung der Erziehung in der Familie (§§ 16-21 KJHG). Dazu gehören z.B.:

Beratung von Familien in kritischen Übergangssituationen, Unterstützung, Durchsetzung von Unterhaltsansprüchen, Schaffung von Wohnmöglichkeiten Förderung von Kindern in Tageseinrichtungen und Tagespflege (§§ 22-26), Kindergärten, Kinderhorte, Kinderkrippen, Tagespflege. Hilfen zur Erziehung (§§ 27-41). Dazu gehören z.B.: Hilfen zur Verselbständigung von Jugendlichen, Konfliktintervention, längerfristige Begleitung durch Familienhilfe oder Betreuungshelfer, teilstationäre Angebote, betreutes Jugendwohnen, Wohngruppen, Heime (Quellen: Stimmer, Franz et al (Hg.)<1994>: Lexikon der Sozialpädagogik und der Sozialarbeit, München/Wien, S. 271- Bundesanstalt für Arbeit <Verf.: Rothschuh, Michael>: blätter zur berufskunde; S. 20f)

Arbeitsgebiete der Jugendberufshilfe - arbeitsweltbezogene persönliche Beratung und Unterstützung junger Menschen durch Beratungsstellen, arbeitsmotivierende Maßnahmen und Jugendwerkstätten - berufsbezogene schülerinnen- und schülerorientierte Arbeit als Hilfe zur Berufsorientierung, Berufswahl und Berufsfindung - berufsvorbereitende Bildungsmaßnahmen, die junge Menschen zur qualifizierten Berufsausbildung hinführen - ausbildungsbegleitende Hilfen zur Sicherung des Ausbildungsabschlusses in betrieblicher Ausbildung - sozialpädagogisch orientierte Berufsausbildung für Benachteiligte in außerbetrieblichen Einrichtungen - qualifizierende und sozialpädagogisch orientierte Beschäftigungsmaßnahmen für arbeitslose junge Menschen - Qualifizierung für nicht ausreichend oder »falsch« Ausgebildete - berufs- bzw. arbeitsbegleitende Hilfen für den Einstieg in das Erwerbsleben - berufsbezogene Bildungsarbeit und Freizeitpädagogik - Erprobung neuer Ansätze zur beruflichen und gesellschaftlichen Integration benachteiligter Jugendlicher und junger Erwachsener durch Modellprojekte (aus: Bundesministerium für Familie, Senioren, Frauen und Jugend (1998a): Kinder- und Jugendhilfe im vereinten Deutschland, Schriftenreihe Bd. 169, Berlin/Köln, S. 190).

[13] Zur (Sozial-) Pädagogik und den Aufgaben der arbeitsweltbezogenen offenen Jugendarbeit und auch zur Jugendberufshilfe sind im Jahr 2001 einige methodisch begründete und inhaltlich fundierte Schriften erschienen. Beispielhaft genannt seien aus dem »Handbuch Jugendsozialarbeit« von Fülbier/Münchmeier: Deinet, Ulrich/Sturzenhecker, Benedikt (2001): Arbeitsweltbezogene Angebote in der offenen Jugendarbeit, in: Fülbier, Paul/Münchmeier, Richard: Handbuch Jugendsozialarbeit, Münster, S. 711-716; Fülbier, Paul (2001): Jugendberufshilfe - quantitative und qualitative Dimension, in: ebenda, S. 534-548); Ketter, Per-Marcel (2001): Der Kompetenzansatz in der Benachteiligtenförderung, in: ebenda, S. 821- 832).

Auch sei auf ein Buch von Schierholz verwiesen, das in großer Breite Maßnahmen gegen Jugendarbeitslosigkeit darlegt: Schierholz, Henning (2001): Strategien gegen Jugendarbeitslosigkeit, Hannover.

[14] Krafeld und auch Ribolits reflektieren und bearbeiten diesen Zusammenhang in realistischer Weise. Krafeld macht sehr deutlich, wie eine positivere Zukunft für potentiell arbeitslose Jugendliche durch Lebensbewältigung statt durch Erwerbsfixierung angelegt werden kann.

[15] aus: »Koalitionsvereinbarung zwischen der Sozialdemokratischen Partei Deutschlands und Bündnis 90/Die Grünen« vom 20. Oktober 1998: I. 3. Offensive zur Bekämpfung der Jugendarbeitslosigkeit, S. 5. Der Titel der gesamten Vereinbarung lautet: »Aufbruch und Erneuerung - Deutschlands Weg ins 21. Jahrhundert«.

Sönke, 24 Jahre

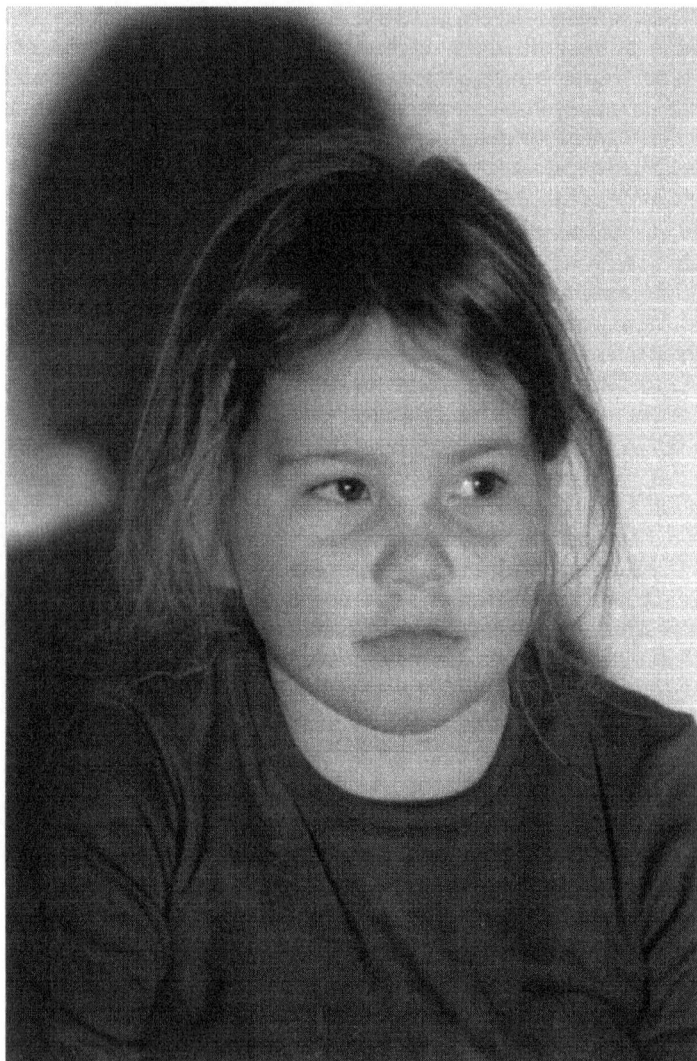

Luise, 5 Jahre

Parallelen treffen sich im Unendlichen

Hürden des Fortschritts

In der Geometrie sind Parallelen Geraden, die in der gleichen Ebene laufen und sich nicht im Endlichen schneiden. Wenn wir in dieses geometrische Bild menschliche Erfahrung einsetzen und die 'gleiche Ebene' durch Globalität ersetzen, können wir festhalten, daß viele menschliche Erfahrungen und auch von Menschen initialisierte Systeme keine gemeinsamen Schnittmengen haben. Die Erfahrungen und das Wissen auf dieser Welt sind mannigfaltig. Zu jedem beliebig bestimmbaren Zeitpunkt existieren unendlich viele Parallelen. Nur in einem überschaubaren Gemeinwesen (Dorf, Kibbuz, Landkommune etc.) kann es überwiegend direkte Erfahrungen geben. Die Erfahrungen erster Hand, also die direkt erlebten, nehmen angesichts immer zahlreicher werdender Informationsquellen und einer damit einhergehenden Wertebeliebigkeit quantitativ ab. Diese Feststellung ist an sich noch nicht negativ. Wozu sollen wir alles wissen? Der Volksmund sagt: »Was ich nicht weiß, macht mich nicht heiß.« Wissen ist aber auch Macht. Der geschichtliche Hintergrund von Bildung hat uns gezeigt, daß Wissen grundsätzlich Emanzipatives enthalten kann. Zwischen dem Schein und dem Sein der Befreiung aus Bevormundung klaffen allerdings oft Welten. Auch die rechtliche Realisierung von irgendwelcher Gleichheit bedeutet zunächst nur, einen formalen Akt zu vollziehen, während die tatsächliche Gleichheit damit noch lange nicht erreicht sein muß. Bezüglich der Schule schreibe ich von der Gleichheit Ungleicher, die als Gleichheit ideologisiert wird. Die Fähigkeit zum Lernen und das Lernen an sich werden heute als Schlüsselqualifikationen angesehen.

Das Hauptziel der von mir auch in einem anderen Zusammenhang herangezogenen Veröffentlichung des Bundesministeriums für Bildung und Forschung (bmb+f 2001) »Das informelle Lernen« ist, über humane Bildungspolitik Menschen dazu anzuregen und zu unterstützen, ihre Kompetenzpotentiale so weit wie möglich zu entwickeln. Mit diesen Potentialen sollen sie sich verständig in der Umwelt orientieren und zurechtfinden, sich mit eigenem Denken und eigener Verantwortung behaupten und Aufgaben und Funktionen übernehmen, die ihnen gesellschaftliche Anerkennung bringen (s. bmb+f 2001, 2). Dem lebenslangen Lernen weisen die Autoren folglich eine grundlegende menschliche Lebens- und Überlebensfunktion zu.

»Letztlich beruht auch die Würde des Menschen als denkendes und zu verantwortlichen ethischen Entscheidungen fähiges Wesen auf diesem lernenden Erfassen, konstruktiven Erschließen und verantwortungsbewussten Mitgestalten der Umwelt, in der er sich human behaupten und bewähren muss.« (bmb+f 2001, 13)

Nun will ich diese Aussage des Bundesministeriums nicht in Bausch und Bogen verdammen, doch zumindest relativiert sehen. Ich halte zwar das zu Recht geforderte aktive Einbringen und Gestalten in alle Facetten gesellschaftlichen Lebens für unbedingt erforderlich, sehe es aber nur als oberflächlich möglich an. Das Faktische, das Gegebene in seinem So-Geworden-Sein dominiert und kann nicht von jedem Menschen zu jedem Zeitpunkt entzaubert werden. Das Wissen ist heute dermaßen expertendurchdrungen, daß wir Entscheidungen oft nicht vom Inhalt her treffen können, sondern »nur« von der subjektiv begriffenen Wertigkeit. Das Fundament unserer heutigen Welt dürften wir demnach nicht a priori als »Gegebenes« hinnehmen, sondern es als »Geschaffenes« und damit »Veränderbares« betrachten. Aus dieser Sicht ist es zu einfach, wie es in der Publikation des bmb+f getan wird, eine Zustimmung zum Bestehenden quasi einzuklagen:

»Eine idealistisch-zivilisationskritische Abwendung von der modernen, zunehmend ökonomisch bestimmten Welt und ihren unbequemen Anforderungen wäre angesichts der derzeitigen geistigen, politischen, kulturellen und wirtschaftlich-technischen Übergangs- und Umbruchsituation unverantwortlich.

Wir müssen uns den Anforderungen aus unserer Umwelt stellen und uns aktiv - anpassend und umgestaltend - mit ihnen auseinandersetzen.« (bmb+f 2001, 13)

Dem ersten Satz mag ich noch tendenziell zustimmen, weil auch ein anderes Wollen nicht geschichtslos implantiert werden kann. Insofern müssen wir auch an unsere »moderne, zunehmend ökonomisch bestimmte Welt« anknüpfen. Mit dem zweiten Satz treten dann aber konsequenterweise Probleme auf, denn »umgestaltend« bedeutet, in der Grundlogik der von uns geschaffenen Welt zu verharren und andere Formen von möglicher Umgestaltung aus dem Blickfeld zu nehmen.

In einem anderen Zusammenhang beziehe ich mich schon einmal auf den Zivilisationskritiker Illich. Illich, den einige durchaus als romantisierenden Jünger Rousseaus bezeichnen, sieht durch zunehmende Arbeitsteilung Menschen von immer mehr ihrer Fähigkeiten enteignet. Die Meßlatte, die sich mit Illichs Denkansatz aufstellen läßt, stellt den Menschen in das Zentrum des Geschehens. Erst die auf den Menschen bezogene und für ihn unmittelbar nützliche Technik ist nach einem solchen Denkansatz intelligent. In einem solchen Zusammenhang bedeutet Lernen, sich die Umwelt aneignen und korrigierend eingreifen zu können.

»Die Menschen werden zu Gefangenen zeitraubender Beschleunigung, verdummender Erziehung und krankmachender Medizin, weil die Abhängigkeit von verfassungsmäßig garantierten Industriegütern und Expertendiensten - jenseits einer gewissen Intensitätsschwelle - die menschlichen Möglichkeiten zerstört. Denn nur bis zu einem gewissen Punkt können Waren das ersetzen, was die Menschen von sich aus tun und schaffen. Über diesen Punkt hinaus dient die weitere Produktion den Interessen der Produzenten und Experten - die dem Konsumenten das Bedürfnis eingeredet haben - und läßt den Konsumenten berauscht und beschwindelt, wenn auch reicher zurück. Ob Bedürfnisse wirklich befriedigt, nicht nur abgespeist werden, bemißt sich an dem Vergnügen, das mit der Erinnerung an persönliches, autonomes Handeln verbunden ist. Es gibt Grenzen, über die hinaus die Waren nicht vermehrt werden können, ohne daß sie den Konsumenten zu dieser Selbstbestätigung im autonomen Handeln unfähig machten.« (Illich 1983) [1]

Zwischen der Auffassung des bmb+f und der von Illich klaffen Welten, die es in Beziehung zu bringen gilt. Die Positionen knüpfen gedanklich an entgegengesetzte Pole an. Die eine geht vom positiven Fortschritt der »Welt« aus, in den sich die Menschen gestaltend einbringen können; die andere beschreibt den von Menschen geschaffenen Fortschritt als Mythos, weil die Masse der Menschen durch die geschaffene »Welt« ihrer Fähigkeiten und tatsächlichen Gestaltungschancen beraubt wird. Bei der Interpretation dieser divergierenden Positionen spielt die eigene subjektive Vorstellungswelt der Individuen die zentrale Rolle und dient als Schlüssel zur Interpretation.

So lange Analysen »nur« auf der Ebene subjektiver Erfahrbarkeit oder objektiver Beschreibung bleiben, mag es relativ einfach sein, Zusammenhänge in ihren eigenen Gesetzen zu verstehen. Im Zusammenprall von massenhaft subjektiv unterschiedlichem Wollen und dem Großen und Ganzen von Gesellschaft, das dann objektiv alle Interessen vertreten soll, stehen jedoch viele schier unüberwindbare Hürden. Die parlamentarische Demokratie bedient sich des Kunstgriffs der Mehrheiten. Eine Entscheidung wird an die Abgeordneten nach dem Prinzip der vermeintlich besten Vertretung qua Wahlen delegiert. Je größer aber die Distanz zwischen Entscheidungsträgern und Wahlvolk wird, desto eher entsteht Unzufriedenheit oder auch Unruhepotential, weil *die* (im Sinne von »eine«) mehrheitlich anerkannte Position fehlt.

Mit zwei deutschen Philosophen will ich diesem nicht immer leicht zu verstehenden Dilemma begegnen. Herbert Marcuse und Ernst Bloch haben sich beide sehr intensiv mit dem Verhältnis von Individuum und Gesellschaft auseinandergesetzt, indem sie dem Schein das Sein oder dem Sein den Schein vorgehalten haben: Wenn ich einen Gedanken von Marcuse voranstelle, daß die höhere Kultur nicht durch die Massenkultur herabgesetzt werde, sondern durch die Wirklichkeit widerlegt werde (Marcuse 1970, 76) und ihn um einen Gedanken von Bloch ergänze, daß das falsche Bewußtsein durch die Auflösung seines Scheins analysiert werden müsse (Bloch 1973, 124f), gelange ich zu Widersprüchen, die nur schwer auflösbar sind. Das Hauptproblem liegt im Widerspruch zwischen dem Verstehen von Gegensätzen aus theoretischer Sicht und der überaus begrenzten Umsetzbarkeit von Theorie in die Alltagspraxis von Individuen oder umgekehrt.

Mit einer Anlehnung an Bloch will ich formulieren, daß Menschen in der Aktualität mit Widersprüchen aus ihrer eigenen und der gesellschaftlichen Vergangenheit leben, was sich subjektiv in Wut ausdrücken kann und objektiv unverarbeitete Vergangenheit bedeutet. Ein subjektiv gleichzeitiger Widerspruch bedeutet ein Sich-Auflehnen gegen Bestehendes, ein objektiv gleichzeitiger ist die verhinderte, im Jetzt enthaltene Zukunft der neuen Gesellschaft, während die alte Gesellschaft diese Brüche in sich trägt [2]. Damit kann ich eine erste Antwort auf die dargelegte Kontroverse zu den Positionen zum Fortschritt geben: Es handelt sich um einen subjektiv und objektiv gleichzeitig vorhandenen Widerspruch im Denken und Handeln unterschiedlicher Menschen. Der Widerspruch basiert auf unterschiedlichen inhaltlichen Füllungen von Objektivität seitens der Individuen. Eine andere Wahrnehmung der Welt und damit ein anderes Erkenntnisinteresse bestimmen das jeweilige Denken und Handeln. Was für den einen der Schein ist, ist für den anderen das Sein. Die einen können subjektiv wütend sein, weil diese ewigen Romantisierer nie dazulernen, die anderen, weil diese kritiklosen Fortschrittsjünger unfähig sind, andere Lernprozesse zu kapieren. Zwei unvereinbare Werturteile verfestigen sich in subjektiven Realitäten, die parallel existieren. Diese Differenzen gewinnen aber erst in dem Moment an Schärfe, wenn sie im Sinne von subjektiv getragenen Machtpositionen in der politischen und wirtschaftlichen Arena konkurrieren.

Eine weitere - und das ist die hier zentral zu analysierende - Bearbeitungsrichtung bezieht sich auf den Zusammenhang von Macht und Gestaltung. Wenn ich unsere Welt als hoch komplex und durch vielfältige Interdependenzen verwoben bezeichne, werde ich sicherlich beiden kontradiktisch dargelegten Positionen gerecht. Das »So-Sein« unserer heutigen Welt soll deshalb Ausgangspunkt für die folgenden Überlegungen sein.

Unsere Gesellschaft differenziert sich aufgrund zunehmenden Wissens immer weiter in Teilsysteme aus, die immer weniger direkte Zusammenhänge aufweisen. Wir leben in der Übergangsphase zu einer oder schon in der Wissensgesellschaft. »Wissen« bedeutet heute mehr denn je dreieierlei:

1. Wissen im Sinne von Fortsetzen der selbst erfahrenen Geschichte,
2. Wissen im Sinne erlernten Wissens, das reproduzierbar ist und
3. Wissen in Bezug auf das Herstellen von Zusammenhängen.

Teilsysteme ohne Zentrum

Das Wissen um das »Herstellen von Zusammenhängen« bedeutet, daß nicht die Substanz des allumfassenden Wissens, sondern Plausibilität im Sinne der Logik eines Teilsystems eine Entscheidung befördert.

»Jedes Teilsystem bildet die gesamte Gesellschaft unter dem Vorzeichen ihrer spezifischen Funktion ab; d.h. es versucht, jeden äußeren Vorgang in die teilsystemische Binnenstruktur zu integrieren. Wo das nicht gelingt - und das ist der Regelfall - verliert das äußere Ereignis jede Bedeutung

für das betreffende Teilsystem. Ob Borussia Dortmund gegen Schalke 04 gewinnt, ist für das Teilsystem Kunst so lange unwichtig, wie sich hieraus nicht eine bestimmte ästhetische Frage entwickeln läßt. Diese hoch ausgeprägte sogenannte ‚Selektivität' der Teilsysteme sorgt für die Polyzentralität moderner Gesellschaften. (...) Was es nicht gibt, ist ein hierarchisches Zentrum, welches alle Teilsysteme auf eine konstruktive Koordination hin steuern könnte.« (Sellmann 2000, 15f)

Die Teilsysteme enthalten dadurch für die Menschen den Schlüssel für Interpretationen. In einem Teilsystem wird eine Lösung aufgrund des Ausblendens anderer Lösungen möglich. Wenn der geplante Lösungsweg scheitern sollte, machen die Beteiligten das andere Teilsystem dafür verantwortlich und bagatellisieren ihr eigenes mögliches Scheitern. Die Verantwortung wird abgeschoben, ohne ein näher definiertes Subjekt zu benennen: »Ich kann es ja doch nicht ändern. Mir sind die Hände gebunden.

Die sind so blöd, denen kann nicht geholfen werden.« Teilsysteme können im Vergleich zu anderen auch kuriose Blüten hervorbringen, indem sie komplett differente Eigenlogiken entwickeln. So führen die US-Amerikaner die Diskussion um innere Sicherheit mit einem ganz anderen Hintergrund als die Deutschen. Während wir über Fingerabdruck oder Einscannen der Iris diskutieren, erhält ein Einwohner im US-Bundesstaat Virginia aufgrund der Unterschrift eines Bürgen schon einen Ausweis, der den Wohnsitz bestätigt. Diese Ausweise spielten für die Terroristen des 11. September 2001 eine wichtige Rolle bei der Umsetzung ihres Plans, weil sie dadurch ihre arabische Staatsangehörigkeit kaschieren konnten [3]. Aufgrund der Ereignisse des 11. September steht diese Regelung in Virginia nicht zur Diskussion. Solche Eigenlogiken existieren in vielen Bereichen.

Wissen ohne Zentrum oder Hierarchie ist aus basisdemokratischer Sicht eine Wunschvorstellung. Jede Entscheidung gehört nach dieser Vorstellung von allen sie betreffenden Menschen ausdiskutiert und gemeinsam entschieden [4]. Überregionales oder gar globales Wirtschaften sperrt sich dagegen. Jegliche Form von für den Menschen abstrakt werdender Arbeitsteilung entfernt die Individuen von konkreter Erfahrung und auch von ihrer ureigenen Geschichte.

Entscheidungen ohne Entscheidungsgrundlage, bei denen das Managen oder Handling zur Substanz wird, führen in der komplexen Welt zu »Leerstellen«. Was Jugendlichen in ihrem alltäglichen Leben widerfährt - unentscheidbare Entscheidungen treffen zu müssen, weil der Zielhorizont nicht materialisiert werden kann -, geschieht ebenso in der Sphäre der Politik und Wirtschaft. Der praktizierenden Politik und Wirtschaft liegt zudem ein Zukunftsbild zugrunde, das Voraussicht suggeriert. Reagiert wird jedoch in Zeiträumen von Legislaturperioden oder Börsennotierungen. Die (Wieder-) Wahl - und nicht der politische Gehalt - droht zum entscheidenden Ordnungskriterium zu werden.

Dennoch wissen die Menschen aufgrund vielfältiger Informationsquellen immer mehr und werden als Folge eher verunsichert als bestärkt. Wen kann ich wählen? Was kann ich noch essen, trinken? Ist es ein Krieg oder nur eine kriegerische Auseinandersetzung? Das gesellschaftliche Machtgefüge zeigt sich als ein schlingerndes Schiff, dessen Kapitän immer nur die nächste Welle im Auge hat. Viele Möchte-Gern-Kapitäne wollen das Zentrum bilden, doch selbst die Koordination der Teilsysteme entbehrt immer mehr der Substanz. Die Macht des Faktischen, die etablierten Prozesse der Ökonomie sind bereits so voraussetzungsreich, daß die Untiefen während des Steuerns vom wissenden Individuum nicht beherrschbar sind, denn das zentrale Problem zeigt sich in der Bündelung des Wissens.

»Von einer ,Wissensgesellschaft' läßt sich demnach sprechen, wenn die Strukturen und Prozesse der materiellen und symbolischen Reproduktion einer Gesellschaft so von wissensabhängigen Operationen durchdrungen sind, dass Informationsverarbeitung, symbolische Analyse und Expertensysteme gegenüber anderen Formen der Reproduktion vorrangig werden.'« (Willke nach Sellmann 2000, 16)

Die Wissensgesellschaft folgt so lange einem schlingernden Kurs, wie die Frage ihres Zentrums nicht gelöst ist. Wer verkörpert das ethische Subjekt, gibt die ethische Richtung vor? Dem Staat weist Sellmann als die Hauptaufgabe noch »intelligentes Arrangieren und Moderieren« zu, obwohl immer mehr (wohlfahrts-) staatliche Leistungen in europäische oder aber in privatwirtschaftliche Teilsysteme übergehen.

»Insgesamt wird es für die nationale Politik schwierig, sich verbindlich auf Menschen zu beziehen, die quasi zufällig, ohne eigentliche Not-

wendigkeit, auf dem staatlichen Territorium leben, in ihren Aktivitäten jedoch übernational operieren.« (Sellmann 2000, 17)

In der Konsequenz folgt Sellmann einem Kurs, der dem des bmb+f zumindest sehr ähnlich ist, indem er in Anlehnung an Willke formuliert, daß in der Wissensgesellschaft nur Systeme überleben könnten, wenn sie lernbereit und lernfähig sind.

»Gleichzeitig verbieten sich alle Ansätze einer hierarchisierenden Pädagogik, die den Jugendlichen in feste Weltbilder einfügen und diese damit zementieren will. Die größte Herausforderung liegt aber wohl darin, Jugendliche zu ihren Visionen und Kreationen zu ermutigen, ihnen zu helfen, sich biographisch in dieser Welt zu verwurzeln - und ihnen gleichzeitig nicht vorzuenthalten, dass es diese eine Welt so nicht gibt, sondern dass sie im konstruktiven Miteinander von Menschen, Organisationen und Systemen immer wieder erst errichtet werden muß.« (Sellmann, 2000, 18)

Meine Kritik gegenüber dem bmb+f oder auch Sellmann richtet sich auch hier nicht gegen eine lebenslange Lernbereitschaft und Lernfähigkeit, sondern gegen das Zurückdrängen des Subjekts Mensch in der Gegenwart - vor allem aber in der Zukunft. Es steht nirgends verbindlich geschrieben, daß wir diese Technik und dieses Wirtschaften brauchen.

Warum heben wir sie dann in den Rang des Unabänderlichen? Oder wollen wir uns immer weiter entindividualisieren oder entkörpern, indem wir alles dem neuen »Subjekt Steuerung« ohne eigene stoffliche Substanz überlassen? Das wäre oder ist übrigens auch ein drastisches Werturteil, denn die Welt wird nicht immer neu errichtet. Komplizierte Handlungsketten können nicht beliebig neu konturiert werden [5].

»Die gesellschaftliche Globalisierung (sowohl als material-reales Phänomen als auch als Produkt ideologischer Vorstellung) ist dabei vor allem auch durch die zeitliche und räumliche Entstrukturierung und Entrhythmisierung des sozialen Lebens gekennzeichnet. Wenn politische, religiöse, wissenschaftliche Überzeugungen und technische Möglichkeiten sich unabhängig vom geographischen Raum verbreiten, verliert dieser seine strukturierende Funktion, und zeitliche Ordnungsmuster wie Tag-/Nachtwechsel, Jahreszeiten, Feiertage, Öffnungs- und Betriebszeiten verlieren gleichfalls rapide an Bedeutung (Erdbeeren und

Lebkuchen gibt es das ganze Jahr über; die Ladenschlußzeiten fallen,
Feiertage werden als ,Urlaubstage' privatisiert: es dominiert die Logik
der strukturlosen, ubiquitären und heterogenen Gleichzeitigkeit).« (Rosa
1999, 402)

Unsere Wahrnehmung ist heute extrem mit gesellschaftlich verfügbaren Optionen gekoppelt. Die vorzufindende rasch voranschreitende Vermehrung von Optionen führt zur Entwertung der einzelnen Option, weil in ihrer Realisierung gleichzeitig der Verzicht auf die Realisierung einer immer größeren Menge anderer Optionen enthalten ist (Baudrillard). Inhaltliche Kriterien von sozialen und kulturellen Prozessen treten in den Hintergrund, Temposteigerung, Dynamisierung treten an ihre Stelle. Dem Geld fällt dabei die Schlüsselrolle zur beschleunigten Optionserschließung zu.

Die Regulierungsbehörden der Staaten oder Staatenbünde sind gegenüber der (Hyper-) Beschleunigung von Technik und Ökonomie, denen sie die Grundlagen geschaffen haben, zurückgefallen, wirken gar anachronistisch und erodieren deshalb zunehmend. Der »neoliberale Ruf nach Deregulierung und Privatisierung« (Rosa) resultiert daraus. Alle be- oder verharrenden Strukturen tendieren zu Auflösung [6].

Für uns heutige Menschen hat die beschleunigte und extrem ausdifferenzierte ökonomisch-technische Entwicklung strukturell ähnliche Prozesse zur Folge, denn in einer Gesellschaft, in der Bezugsgruppen und Institutionen instabil und hyperdynamisch werden, werden einerseits feste Weltorientierungen benötigt, um schnell, flexibel, verläßlich agieren und reagieren zu können, andererseits aber behindern sie, weil sie selbst zu starr und unflexibel sind, um sich unkompliziert und schnell den gesamten Mobilitätserfordernissen anzupassen. Von neoliberalen Wortführern ebenso wie von Vertretern der philosophischen Postmoderne wird die Preisgabe aller verharrenden Momente gefordert (vgl. Rosa 1999, 403).

Die Ambivalenz, die in der Forderung nach absoluter Flexibilisierung steckt, will ich mit einem kurzen Beispiel erläutern: Ein hochqualifizierter junger Mann von unter dreißig Jahren war bei einer renommierten Beratungsagentur beschäftigt, um eine Werft zu sanieren. Seine Aufgabe war es, einen schnellen Personalabbau zu realisieren, weil die Werft wieder konkurrenzfähig werden sollte. Der junge Mann zweifelte nach einiger Zeit daran, ob er denn nach der rein betriebswirtschaftlichen Lehrmeinung

»gestandene Männer« um ihre ökonomische Existenz bringen könne. Mit diesem Zweifel ging er zu seinen Chefs. Die Chefs verstanden diese Aussage nicht so ganz oder wollten sie vielleicht auch nicht verstehen, doch schlugen sie vor, sein ohnehin schon hohes Einkommen noch deutlich aufzustocken. Der junge Mann wechselte seinen Arbeitgeber. Zwei Schlüsse lassen sich daraus ziehen:

1. Der junge Mann hat eine ausgeprägte Wertorientierung mit einer stabilen Identität, die ihm dieses Maßverhältnis ermöglicht.

2. Der junge Mann wird durch seine stabile Identität behindert, so daß er für den Job unbrauchbar ist.

Entsprechend den heutigen Mobilitätserfordernissen und dem systemimmanenten Zwang ökonomischer Prozesse war der junge Mann seiner Arbeit nicht gewachsen. Er erfüllte nicht die Voraussetzungen für die Dynamik unseres geschichtslosen, immer wieder neu zu errichtenden konstruktiven Miteinanders. Wir haben unsere individuellen Konzeptionen, weil wir sie immer wieder neu errichten sollen, ebenso auszutauschen, wie einige ihre »Lebensabschnittspartner« wechseln.

Durch diesen ungeheueren Anpassungsdruck an das Tempo ökonomisch-technischer Prozesse kommen auf persönlicher und auf wirtschaftlicher Ebene immer mehr dysfunktionale Erscheinungen an die Oberfläche. Agierende, Reagierende, Käufer und Verkäufer verlieren den Überblick, wodurch der Wettbewerbsvorteil der Neuheit verloren geht (vgl. Rosa 1999, 406). In der Wissenschaft und im Bildungswesen entstehen durch den schnellen Verfall des Wissens ebenso Ungereimtheiten, weil das Produkt, wenn es auf den Markt kommt, oft bereits veraltet ist. Bildungsplanung wird gar substantiell unmöglich. Lernen ohne Identitätsbildung, ohne basale Ausbildung - also nur das abstrakte Lernen für das Lernen - mögen wir Robotern angedeihen lassen. Substanzlose Flexibilität, also partielle und auswechselbare Inhalte auf einer inhaltslosen Struktur, ist mit der Würde des Menschen nicht vereinbar.

»Das hohe Tempo zwingt zu einer nicht-integrierten Parallelverarbeitung, die zu Fragmentierung, Steuerungsverlust und zu Versteh- und Gestaltbarkeitseinbußen führt. Oft wird behauptet, die Moderne habe die Eigenzeiten und natürlichen Rhythmen der Menschen durch eine linerare, abstrakte und mechanische ‚Weltzeit' ersetzt, auf die alles rück-

sichtslos bezogen werde. Das ist nur begrenzt richtig. Denn zugleich entwickelten die ausdifferenzierten Teilsysteme der modernen Gesellschaft - Wissenschaft, Wirtschaft, Politik, aber auch Familie, Religion, Sport etc. - jeweils ihre Eigenzeiten, die dann allmählich desynchronisiert wurden und sich in relativer Unabhängigkeit voneinander beschleunigten. In der Postmoderne wird dadurch die Integrationskapazität der Individuen wie der Gesellschaft endgültig gesprengt (...).« (Rosa 1999, 407f)

Die Folge ist, daß sich unterschiedliche Gesellschaftssphären entwikkeln, die ein »Mosaik von Ghettos« (Rosa) entstehen lassen; dies bei gleichzeitiger Überwindung und Aufhebung nationalstaatlicher Grenzen. Auch werden individuelle Zukunftsplanungen unplanbar, weil kein bestehendes System mehr Bestandsschutz hat. Anders formuliert: Wir werden alle zu Bauern Bourdieuscher Prägung (s. »Gebt der Jugend [k]eine Chance« in diesem Buch), weil es immer weniger gibt, das sich aus unserer ureigenen Geschichte erschließt.

Menschen, die auf den Inseln des Glücks leben, weil sie beruflich »ihren« alten Werten huldigen können, folgen durchaus weiter ihrer Eigenlogik. Sie sind individuell abgesichert und arbeiten in Teilsystemen, die gerade »oben auf der Welle schwimmen« oder noch nicht vom Druck der »Umgestaltung« durchdrungen sind. Dennoch sind auch sie schon »negativen Erfahrungsintensitäten« (Rosa) ausgesetzt.

Soziale Kontakte gehen aufgrund einer fehlenden Kodierung oder Konnotation verloren, wenn alles immer verfügbar ist. Ein rasches Löschen der Erinnerungsspuren ist die Folge (vgl. Rosa 1999, 412). Erdbeeren erinnern nicht mehr an den Garten der Großmutter oder an den Geruch der großelterlichen Wohnung, sondern sind zu allverfügbaren Warenhausprodukten geworden. Die Warenhausprodukte prägen sich aufgrund der nahezu beliebigen Umgebung nicht mehr tief ein, weil der Kauf- und Konsumakt nur an der Oberfläche des Bewußtseins erfolgt, während das gemeinsame Pflücken und Essen der Erdbeeren bei den Großeltern noch etwas Besonderes war. Das Subjekt und das Objekt treten nach Rosa nur noch »occasionell« in Verbindung.

»Erfahrungen oder Erlebnisse laufen dabei ‚leer' und werden selbstreflexiv - wie die Berliner Loveparade, die eine beispiellose Selbstinszenierung ohne materialen Inhalt darstellt.« (Rosa 1999, 413)

Auch die Initiatoren der Berliner Loveparade weisen ihr tatsächlich keinen klassischen Inhalt im Sinne politischer Ziele zu. Dennoch hat - und damit will ich dem eben zitierten Gedanken eine leicht andere Wende geben - die Berliner Loveparade einen Inhalt: die Selbstinszenierung als Ereignis.

Wie auch Schulze zur »Erlebnisgesellschaft« oder Häußermann/Siebel zur »Festivalisierung der Städte« formulieren, so kommt auch Rosa zu dem Schluß bzw. zu der Vermutung, daß die Ideengeschichte durch die Ereignisgeschichte abgelöst werde.

Wenn wir in einem solchen Zusammenhang »Lernen« propagieren, uns also der »Ereignisaneinanderreihung« widmen, sollte uns klar sein, daß dieses enorme Tempo der Entwicklung nur von denen »gehalten« werden kann, die in einem Teilsystem im »Auge des Sturms« agieren oder versuchen, sich nur dem reinen Management hinzugeben. Aus diesem Prozeß Ausgeschlossene müssen wir erst wieder »beschleunigen«.

Mit dem Film »Moderne Zeiten« von und mit Charlie Chaplin liegt ein treffendes Zeugnis für Beschleunigung vor. Dieser Film vergegenwärtigt die Tragik des Menschen gegenüber der Herrschaft des Mechanischen. Das Lebendige und dessen verzweifelte und hilflose Gegenwehr kommt sehr deutlich zum Ausdruck. Eine Sequenz des Films schildert, wie Chaplin in eine riesige Maschine fällt, darin eingeklemmt sein Frühstück verzehrt und erst zu Ende der Pause aus seiner Lage befreit wird, um wieder dem Räderwerk dienen zu können (vgl. Geißler, 2000, 43).

Der maschinelle Takt gibt Chaplin den Rhythmus. Damit will ich nicht die bäuerliche Vormoderne glorifizieren, die den Rhythmus der Maschine noch nicht kannte, denn die Naturereignisse führten zu Epidemien, Hungersnöten, Überschwemmungen oder Trockenheiten, denen die Menschen damals recht schutzlos ausgeliefert waren. Die Menschen lebten jedoch nach einem natürlichen Rhythmus, weil jahreszeitliche Einflüsse das alltägliche Leben und auch die Lebensmittelproduktion bestimmten. Im Sommer wurde länger und anders gearbeitet als im Winter. Erdbeeren gab es in unseren Breiten nur im Sommer, Kiwis nie. In der Moderne legte dann die Maschine den Takt der Arbeit vor. Das abstrakte Medium Zeit begann nun endgültig seinen Siegeszug. Chaplin konnte zwar sein Pausenbrot essen, doch befand er sich weiter in der Maschinerie. Beim Übergang von der Vormoderne zur Moderne kann von der Entrhythmisierung der menschlichen Arbeit -

und damit des menschlichen Lebens überhaupt - gesprochen werden. Heute, in der dritten Phase, wie der Wirtschaftspädagoge Geißler schreibt, haben wir es mit einer Flexibilisierung und Deregulierung zu tun, die den industriemodernen Takt lockert, aber eigenrhythmische Prozesse erfordert, die allerdings weiterhin einer natürlichen Rhythmik zuwiderlaufen. Individuelle Dispositionen ersetzen oft den Takt der Maschine (s. Geißler 2000, 84ff). Diese dritte Phase, die Postmoderne, kennt viele Rhythmen; das zeichnet sie gegenüber der Moderne aus. Das Massenhafte verschwindet zugunsten des Individuellen. In der Folge sind viele Abstimmungsprozesse zu erledigen, damit das Asynchrone für Bearbeitungsprozesse synchronisiert werden kann. Angesichts dieses Hintergrunds entwickelt Geißler einen Gedanken, der die schon thematisierte Ambivalenz des Fortschritts aus dem Blickwinkel von »Zeit« aufnimmt:

>*Nicht in der weiteren Steigerung zeitlicher Wahl- und Handlungsmöglichkeiten besteht der wirkliche Fortschritt, sondern in der Entwicklung von Urteilsfähigkeit im Hinblick auf Zeitmaße, die psychisches und physisches Wohlbefinden gewährleisten, die die Belastungen innerer und äußerer Natur verringern, und die die sozialen Gemeinschaften stabilisieren. Dann auch bestünde Entwicklung nicht mehr im permanenten Überschreiten der Maße, dann würde das Fortschreiten und würden auch wir nicht maßlos sein. Die Möglichkeiten unserer Freiheiten wären durch die Einsicht in die Notwendigkeiten in produktiver Art und Weise eingeschränkt.*« (Geißler 2000, 87)

Auch bei Geißlers Ausführungen spielt die mögliche Urteilsfähigkeit gegenüber dem sich selbst nährenden Fortschritt eine zentrale Rolle. Lernen bedarf einer subjektiven und auch objektiven Basis, deren Motor nicht das ausschließliche »Höher-Schneller-Weiter« oder ein aus dem Vorherigen sich ergebender Sachzwang sein kann.

Entscheidungen im Raum

Ullrich nähert sich über die Frage einer räumlichen Grundlage für eine zukunftsfähige Lebensweise den entgrenzenden Megatrends der Ökonomie. Er erinnert daran, daß der Handel zwischen den Nationen und der großräumige Warenaustausch damit begründet wurden, daß alle davon einen Vorteil hätten.

»*Unter bestimmten Bedingungen und in idealisierten Ökonomiemodellen lassen sich dafür auch Beispiele finden. Aber schon früh kamen Zweifel auf, ob der ,Welthandel' wirklich für alle Beteiligten Vorteile bringt oder doch eher nur sehr einseitigen Interessen dient.*« (Ullrich 1999, 171f)

Im Weiteren zeigt Ullrich auf, daß die ,produktivistische großräumige Wettkampfdynamik' unvereinbar mit den Zielen der Nachhaltigkeit, der internationalen und interregionalen Solidarität, der Gerechtigkeit und der Demokratie ist (s. Ullrich 1999, 173). Mit der Wiederinwertsetzung des Nahraums, also eines Bezugs zu einem konkreten Ort, können die Menschen ihre Bedürfnisse in einem qualitativ wesentlich modifizierten Verhältnis als Konsumenten und Produzenten aktiv gestalten: »Maßarbeit statt Massenproduktion« (Ullrich).

Durch zunehmende Verlagerungen von Entscheidungen aus der lokalen Arena (Kommune) werden kleinräumige Arbeitsmärkte mehr und mehr eine Fiktion. Große Firmen verlegen entweder ihre Produktionsstätten und Sitze dorthin, wo sie am profitträchtigsten sind oder kaufen die Konkurrenz auf und strukturieren die neue Substanz um. Ob das im Interesse der Beschäftigten ist oder nicht, spielt eine sehr untergeordnete Rolle.

Diese Form des Wirtschaftens vieler Branchen ignoriert aber nicht nur die Interessen der im lokalen Raum lebenden Menschen, sondern zerstört obendrein ihre Lebensgrundlage, indem sie Umweltschäden ignoriert. Unsere zwanghaft mobile und somit verkehrserzeugende Form des Wirtschaftens und Fortbewegens produziert eine Unmenge von Müll und auch Gewässer- und Luftverschmutzung. Die Bundesregierung und die Verantwortlichen der Europäische Union versuchen nach wie vor diesen Problemen überwiegend durch technische Lösungen (z.B. Recycling, Katalysator etc.) zu begegnen, anstatt Vermeidung anzustreben.

Vermeidungsstrategien könnten bei den Produkten selbst und übergreifend bei Branchen erfolgen. Bei Produkten müßte das Hauptaugenmerk auf Langlebigkeit, Reparaturfreundlichkeit und wiederverwendbare Verpackungen gelegt werden. Bei Branchen müßte Standortnähe wegen geringerer Konzentration sowie kürzerer Strecken zum Endverbraucher sowie eine hohe Fertigungstiefe (Produktion nahezu aller benötigter Teile für das Endprodukt) und damit kürzere Transportwege angestrebt werden. Daraus resultierende Vermeidungsstrategien bedeuten für viele Branchen gleichzeitig, daß lokale Arbeitsmärkte (wieder) entstehen können, weil Produkt und Verbraucher näher zusammenrücken. Diese Ansätze entsprechen aber nicht dem schon beschriebenen Konzentrationsprozeß, weil Umweltschäden durch Transporte nicht bilanziell erhoben werden.

Die hier dargelegten Denkansätze stehen quer zur derzeit praktizierten Globalisierung. Doch wenn wir das Teilsystem Wirtschaft gedanklich verlassen, kommen wir leicht zu anderen teilsystemischen Aussagen. Damit bin ich wieder beim zugrundliegenden Werturteil. Wer die Interpretationsmacht hat und sie durchsetzen kann, setzt der Wertebeliebigkeit »seinen Wert« bzw. »sein Interesse« entgegen. Das Bestehende ist vertraut, alles, was abweicht, bedeutet nicht nur die Aufgabe liebgewonnener Denkgewohnheiten, sondern auch eingefahrener Wege und ist »unbequem«. Das »Interesse« korrespondiert mit dem »Machtmittel Angst«. Die Angst vor Veränderung ist oft größer als die Bereitschaft, sehenden - aber tatsächlich geschlossenen - Auges in die Katastrophe zu steuern. Die meisten Menschen setzen der »unerklärbaren Welt« der Ökonomie und Politik von »denen da oben« ihr »Glück im Winkel« als positive Überlebensstrategie in ihrem Nahumfeld entgegen.

Die Ortsgebundenheit (in Stadtteilen, Wohnvierteln) aber verliert im Zeitalter der Globalisierung an Bedeutung, doch sind sie nach wie vor prägend für den Alltag, die frühkindliche und jugendliche Sozialisation und insbesondere für die Lebenswelt der Menschen, die aus dem Prozeß Weltgesellschaft ausgegliedert sind. Weite Teile der Sozialen Arbeit werden daran gemessen, ob sie es bewerkstelligen können, Menschen in ein Gemeinwesen zu (re-) sozialisieren. Die Basis für die Ausgegrenzten ist also keinesfalls das Großräumige, sondern das Nahräumige. Somit erleben wir zwei Betrachtungsweisen, die diametral zueinander liegen. Das Wirtschaftliche fordert das Globale, das Soziale das Lokale.

In der Debatte um nachhaltiges Wirtschaften lautet der Slogan »lokal Handeln, global Denken«. 1972 haben 170 Staaten bei der UN-Konferenz für »Umwelt und Entwicklung« in Rio de Janeiro die »agenda 21« unterzeichnet. Sie haben ein Papier verabschiedet, aus dem hervorgeht, daß Armutsbekämpfung, Frieden, Umweltschutz und wirtschaftliche Entwicklung nicht zu trennen sind. Leitziele der »agenda 21« sind: schonender

Umgang mit der Natur und der Umwelt, Ressourcenschutz, Gerechtigkeit unter den Generationen, den Geschlechtern und den Völkern (s. Hesse/ Bolzek 1999, 50). Substantielle Erfolge dieses »ganzheitlichen Ansatzes« fehlen, obwohl unterdessen knapp dreißig Jahre vergangen sind. Nach wie vor steht das Teilsystem »Wirtschaft« an der Spitze der Entwicklung und überlagert mit seiner Logik die positiven Ziele der »agenda 21« »Nur wenn die Wirtschaft läuft, können wir uns das Soziale leisten«, lautet der neoliberale Leitsatz. Die natürlichen Folgekosten unseres Wirtschaftens stehen nicht zur Debatte. Wir erleben und erleiden weiterhin in vielfacher Hinsicht Rhythmusstörungen.

Diese Rhythmusstörungen werden lokal, regional und zunehmend nationalstaatlich besonders brisant. Die Reaktion der Nationalstaaten und seiner Untergliederungen heißt: Abbau der Sozialleistungen, Sparpolitik und Deregulierung. Dadurch werden nicht nur mehr Menschen ausgrenzt, sondern die menschlichen Ressourcen und die räumlichen Disparitäten werden noch weiter auseinanderdriften.

Die Strategien zur Krisenbewältigung heißen dann soziale Fragmentierung und Segmentierung. Im Rahmen der Fragmentierung - auch als »Individualisierung« (Beck) zu verstehen - teilt sich die Gesellschaft immer mehr in funktionale Erfordernisstrukturen auf, wobei der soziale Zusammenhalt gleichzeitig geschwächt wird. Segmentierung bedeutet in Anlehnung an Durkheim hingegen, daß soziale Untereinheiten (Segmente) ihre Selbstregulation anstreben, wodurch der soziale Zusammenhang stabiler wird.

Beide Strategien sind nach Held traditionell tief verankert und können in ein und derselben Gesellschaft gleichzeitig verfolgt werden. Fragmentierung und Segmentierung finden sich auch in dem Begriffspaar Globalisierung/Lokalisierung wieder. Internationale Arbeitsteilung, Arbeitsmigration und Massentourismus stehen beispielsweise für Globalisierung, während lokale Lebenswelten für ärmere soziale Gruppen im Sinne der Segmentierung an Bedeutung gewinnen (s. Held 1999, 5ff).

»*Der als geschlossen gedachte Raum kann als Antwort auf globale Krisen fungieren.*« (Held 1999, 7)

Die Straße erscheint oft als Durchgangsstation und letzte Zuflucht für Ausgestoßene, Mittellose, Deklassierte. Die Straße ist für den Erziehungswissenschaftler Zinnecker gleichzeitig ein gesellschaftliches Lernfeld. Vor allem ist die Straße überschaubar; sie ist ein Sammelplatz lokaler Kinder- und Jugendkultur. Hier lernen Kinder und Jugendliche nach Zinnecker in einer unauflösbaren Rollenvermischung zweierlei:

Sie üben die ordentlichen Bürgerrollen des Käufers, Konsumenten und Verkehrsteilnehmers ein; und sie übernehmen Bestandteile historisch unterdrückter, verpönter Straßenexistenz als Pöbel, Publikum, Stadtstreicher und Vagabund. Der doppelsinnige Charakter des Lernprozesses und die praktische Kunst der Jüngeren, zwischen den beiden Polen des Straßenlebens geschickt zu balancieren, verleiht der Straßensozialisation aus der Sicht der Erwachsenengesellschaft das spezifisch Irritierende und Beunruhigende (s. Zinneker 1997, 95f).

Diese Ausprägung des Lokalen im öffentlichen Raum klingt sicher für viele Zeitgenossen in den Zentren der »Globalität« rückwärtsgewandt, weil die Ausrichtung auf den Weltmarkt erst Wohlstand verheißt. Insofern sollten die Jugendlichen eher das diesbezüglich »Verwertbare« lernen.

Die öffentlichen Räume wie Straßen, Parks, Spiel- oder Sportplätze und Jugendeinrichtungen spielen zumindest für männliche Jugendliche in benachteiligten Quartieren eine bedeutende Rolle. Auch für Mädchen haben diese eine attraktive Funktion, wenn sie sich ihre eigenen Frei- und Schutzräume schaffen, ohne sich den Normen und Verhaltensmustern der männlichen Jugendlichen zu unterwerfen. Für die Identität beider Geschlechter kann der Stadtteil sehr wichtig sein und durchaus auch so etwas wie Stolz hervorrufen; zumindest gibt der Stadtteilkontext ihnen Sicherheit. Dieser Prozeß ist freilich auch von Ambivalenzen geprägt. Wenn Jugendliche eine starke Stadtteilverbundenheit haben, sind sie überdurchschnittlich zufrieden und schätzen ihre Zukunftsaussichten positiv ein. Diese positive Orientierung auf den Stadtteil führt jedoch in anderen räumlichen Umgebungen zu weniger Handlungssicherheit (vgl. Riegel 1999, 89-105). Die Verhaltenssicherheit auf der einen Seite wird mit Unsicherheit auf der anderen Seite erkauft. Die starke lokale Verwurzelung kann Mobilität und Flexibilität in anderen Milieus beeinträchtigen. Das Nahumfeld, so umstritten es auch sein mag, erfüllt durchaus wesentliche Funktionen im Sinne selbsterlebter Geschichte.

Die Straße oder der Platz sind aus der Sicht vieler Erwachsener der Ort für Irritierendes, Beunruhigendes. Sie könnten aber im übertragenen Sinn wieder der Ort werden, der gemeinschaftlichen Sinn erhält oder schafft.

Der spanische Schriftsteller Goytisolo weist »seinem Platz« in Marrakesch, der »Djemaa el-Fna«, auf dem Gaukler, Akrobaten und Geschichtenerzähler ihr Leben leben, eine Erlebniswelt zu, die ihresgleichen sucht [7]. Der Markt, der Platz, der öffentliche Raum ist für ihn der ideale Ort, auf dem Reden geschwungen werden, Legenden gelebt, Parodien sich mit Liturgie vertragen, die wohlgefügte Erzählung das Publikum in Staunen versetzt, das Lachen dem Beten vorangeht (s. Goytisolo 2000, 230).

»Hökerer und Krempler, Handwerker und Bettler, Schelme und Beutelschneider, Spitzbuben, Gassenjungen, harmlose Narren, Frauen von zweifelhafter Tugend und rauflustige Bauernlümmel, kleine Strolche auf dem großen Sprung, Überlebenskünstler, Quacksalber, Wahrsager, Frömmler und Doktoren mit eingeborener Weisheit, diese ganze unbefangene und ungezügelte, buntschillernde Welt, einst Fond der gar nicht so leicht voneinander abzugrenzenden christlichen und islamischen Gesellschaft zu Zeiten des Erzpriesters von Hita, welche nach und nach hinweggefegt wurde von dem aufstrebenden Bürgertum und einem Staat, der die Städte und das Leben kleinkarierte, diese Welt ist nur noch matte Erinnerung für die technisch fortgeschrittenen und moralisch erschöpften Nationen. Die Herrschaft der Kybernetik und des Audiovisuellen macht Gemüter und Gemeinschaften gleich, disneyisiert die Kindheit, läßt die Kraft der Phantasie verkümmern. Nur eine Stadt verfügt heute noch über das Privileg, das ausgestorbene und das von vielen als ,Dritte-Welt-Phänomen' abqualifizierte mündliche Erbe der Menschheit zu hüten. Ich meine Marrakesch und den Platz Djemma el-Fna, in dessen Nähe ich seit zwanzig Jahren - in regelmäßigen Abständen - frohen Mutes schreibe, ,mediniere' und lebe.« (Goytisolo 2000, 230f)

Das hohe Tempo der Informationsvermittlung, die Überfütterung mit Altem und Neuem steht bildlich gesprochen auf dem Platz Djemaa el-Fna nicht neben dem erfahrbaren Alltag. Obwohl sich Goytisolo doch manchmal um die Verwundbarkeit dieses Sozialgefüges sorgt und sich die Angst in seine Augen stiehlt und er sich fragt, wie lange noch dieser Platz so existieren könne (s. Goytisolo 2000, 237), verkörpert dieser Platz mehr als nur ein mildes Lächeln für seine Gestrigkeit. »Das Mündliche Erbe der Menschheit« (Goytisolo) ist ein anderes Bindeglied zwischen den Menschen als über Schrift, Recht oder sonst wie kodifizierte Gemeinsamkeit. Die Menschen leben ihre Geschichte, ihre Phantasien und Träume aus, können ihre Fertigkeiten und Fähigkeiten auf einem »Markt« ausprobieren, anbieten, ohne zunächst nach einem Sinn oder nach der Effizienz gefragt zu werden. Die noch nicht komplett disneyisierte Kinderwelt lebt vielerorts nach den Regeln der »Djemaa el-Fna«. Sie gibt es überall dort, wo Kinder sich ausleben können. Diese Lebenswelt der Kinder reproduziert sich in vielen Teilen über vorgelebte Verhaltensweisen und das gesprochene Wort. Insofern handelt es sich wie bei der Djemaa el-Fna auch um ein »mündliches Erbe«. In dieser Welt bestimmen die Kinder ihr eigenes Tempo. Sind sie noch nicht (komplett) vereinnahmt von der Welt des »gleichmachenden Fortschritts«. Diese Welt ist lokal begrenzt, angesichts der Durchdringung des Alltags mit globalisierenden Werten sicherlich auch rückständig, doch kaum beschleunigt, fragmentiert oder parallelisiert, aber individuell überschaubar und im Sinne einer eigenen kontinuierlichen Geschichtsschreibung auch verarbeitbar.

Verantwortung in Grenzen

Erst die unterschiedlichen Tempi führen - wie schon dargelegt - zu einer nicht integrierbaren Parallelverarbeitung, die in der Konsequenz zu Fragmentierung, Steuerungsverlust und zu Versteh- und Gestaltbarkeitseinbußen führt. Teilsysteme (Ökonomie, Wissenschaft, Sport, Politik, Musik etc.) bringen Eigenzeiten hervor, die sich relativ unabhängig von anderen Teilsystemen entwickeln. Die Folge ist eine »Desynchronisierung von Ereignissen« (Rosa) und gemeinsamem Erleben. Auch sind in diesem Setting der beschleunigten Welt zeitaufwendige demokratische Abstimmungs- und Entscheidungsprozesse schwer handhabbar oder nahezu anachronistisch. Entscheidung im Hier und Jetzt - vor allem sofort - ist gefragt.

Während sich die heute zumindest Vierzigjährigen in diesen Prozeß einleben konnten, werden Jüngere in postmodernen Staaten damit ungestüm konfrontiert. Letztere beginnen mit einer anderen Realität; für sie spielt der Ort im Sinne von allgemeinverbindlichen Traditionen immer seltener die herausragende Rolle. Politische, religiöse und wissenschaftliche Überzeugungen verbreiten sich heute ohne einen geographischen Raum und physisch erlebbare Zeit (Rosa). Ordnungsmuster weisen immer weniger oder überhaupt nicht mehr gemeinsam getragenes Lokalkollorit auf.

Die Folge ist Unverbindlichkeit. Modetrends für Jugendliche werden heute massiv von Fernsehsendern wie MTV und Viva geprägt. Der 3-Minuten-Spielfilm, der Videoclip, setzt nicht nur Maßstäbe für Kleidung und Musik, sondern auch für Zeitwahrnehmung. Er läßt neue Langeweile entstehen. Gegenüber dem Genießen von Videoclips sind eigene Phantasiereisen, Lesen und Zuhören eine »Grufty-Kiste«, bei der nichts passiert.

Durch mediale Propaganda verlieren Jugendszenen immer mehr ihre lokale Färbung. Gangsta-Rap, eine im wahrsten Sinne des Wortes von Schwarzen hervorgebrachte gewaltverherrlichende Ghetto-Musik aus Los Angeles, wird weltweit von Weißen goutiert, Nirvana, insbesondere der inzwischen tote Kurt Cobain, ließen Grunge, eine ursprüngliche Secondhand-Kultur aus Seattle, um die Welt klingen. Oder: Ob beispielsweise die Technowelle Raves in Berlin, London, Hannover oder München hervorbringt, läßt bei Anhängern keine Fremdheit aufkommen, denn die äußerlichen Modezeichen rufen sofort Akzeptanz hervor. Diese werden hingegen von einer konkurrierenden Szene konsequent abgelehnt. Soziale Gruppe entstehen, die der Diffusität des Alltäglichen mit kompletter Vereinfachung begegnen.

Für Ältere wird dies weniger zu einem Problem, weil sie im Laufe ihres Lebens ein kulturelles Denken übernommen haben, das Sinneinheiten bietet, aber dennoch - wie dargelegt - nicht heutig, aktuell oder gar zukunftsfähig sein muß. Gerade deshalb - oder dennoch - schützt nach Oerter dieser lebenslange Enkulturationsprozeß vor Erosionen.

Über den Prozeß des Älterwerdens entsteht eine Idee vom Ganzen. Diese Idee dient als Folie für Interpretation. Die Gefahr besteht darin, daß das Weltbild nicht regelmäßig aktualisiert wird. Somit öffnet sich im Laufe der Zeit eine Schere zwischen der Realität von und dem eigenen Bild der Gesellschaft.

Der Verortung oder überhaupt dem Verstehen sind heute mannigfache Hindernisse à la »Höher-Schneller-Weiter« im Weg. »Feine Unterschiede«

haben für Jugendliche oft brutale Auswirkungen, denn sie entscheiden über den Zugang zu oder den Abgang von einer Schulform, ebenso wie einer Ausbildung und sind auch Kriterien für das Eintreten und den Verbleib in Erwerbsarbeit. Ferner stoßen Jugendliche auf ein im Umbruch befindliches Erwerbssystem, welches ihnen vielfach Gestriges für eine Zukunft offeriert, das aber bereits im Heute versagt.

Die postmoderne Variante des Industrialismus schreibt heute die Geschichte, ist höchst komplex und kann nicht einfach abgeschafft werden. Das mußten beispielsweise »Bündnis 90/Die Grünen« erkennen, als sie aus der Opposition in die Regierung wechselten. Politische Macht hieß und heißt für sie, ursprünglich Unpopuläres mitzutragen (Probleme der inneren Sicherheit und des Datenschutzes) oder nur sehr behäbig beeinflussen zu können (Atomenergie) oder auch Gefangene einer von den eigenen Wurzeln unterschiedlichen Logik zu sein (Krieg im Kosovo und in Afghanistan).

Als Partei »Die Grünen« entstand sie aus der sozialen Bewegung unter dem Kampfruf »Atomkraft - nein danke« und nahm zunächst eine Mittelposition zwischen schwach strukturierten Gruppen (Bürgerbewegungen) auf der einen und den stark strukturierten, organisatorisch verdichteten Gruppen (Parteien, Gewerkschaften) auf der anderen Seite ein. Sie konnte gegenüber den staatstragenden und regierenden Parteien im Parlament kompromißlos ihre eigenen politischen Überzeugungen einfordern, ohne ihre Glaubwürdigkeit zu verlieren oder an einer möglichen Realisierung gemessen zu werden. Der Sachzwang entwickelte sich dann schleichend in den Köpfen von »Bündnis 90/Die Grünen« und wurde über die Regierungsbeteiligung so präsent, daß er vielen neuen Repräsentanten unseres Staates bei dem »Krieg« gegen den internationalen Terrorismus einer »Urgewalt« gleichkam. Im Volksmund wird so etwas lapidar als »mitgefangen, mitgehangen« bezeichnet. Im Verhältnis von Kindern zu Eltern sprächen wir von: »Sie haben sich die Hörner abgestoßen«. Diese Bilder aber sind zumindest schief.

Wenn ich einen Augenblick bei dem Kind-Eltern-Bild verweile und es um eine Aussage, die ich im Kapitel »Denn sie wissen, was sie tun« schon formuliert habe, erweitere, entsteht eine auf den ersten Blick seltsame Parallele. Dort heißt es, daß politisches Denken komplexes und dialektisches

Denken voraussetzt, zu dem Jugendliche gegenüber Erwachsenen wenig oder kaum fähig sind. Ich schreibe auch, daß Wissen von Erwachsenen bei Problemlösungen hinderlich sein kann. Ähnliches folgt aus diesem Kapitel: Einerseits benötigen wir Wertorientierungen, diese sind jedoch andererseits zu starr und unflexibel, um den gestellten Mobilitätserfordernissen gerecht zu werden. Hieraus sind zwei Schlüsse zu ziehen:

1. Im Prozeß der Postmoderne sind auch Erwachsene nicht zu sehr weittragenden Entscheidungen fähig, weil letztendlich die Grundlage und ebenso eine klar formulierbare Perspektive für diese Entscheidungen fehlt. Damit wiederholt sich strukturell das, was Erwachsene Kindern und Jugendlichen gern vorhalten. Die Lebenserfahrung ist also letztendlich für alle Altersgruppen kein (alleiniges) Kriterium mehr für Entscheidungen.

2. Das Fehlen einer stofflichen bzw. materiellen Substanz im Prozeß der Entscheidungsfindung wird von der Masse nicht als Problem erkannt. Die Wirklichkeit steht nicht nur der »großen Politik«, sondern ebenso der großen Mehrheit der Bevölkerung gegenüber. Philosophisch, in Anlehnung an Bloch: Der Schein überlagert noch die Realität. Subjektiv, so denke ich, wächst bei den Menschen die Wut oder Ohnmacht, nicht tatsächlich »gehört zu werden« oder etwas ändern zu können. Ein großes Problem ist dabei, daß die bestehende Gesellschaft zwar viele Brüche aufweist, aber in der Gegenwart keine Zukunft für eine »andere« Gesellschaft vorhanden ist. Eine Utopie fehlt. Der vermeintlich schnelle Zusammenbruch der DDR wurde durch die Existenz der »alten« BRD möglich. Die zunehmende Unglaubwürdigkeit der »Den-Sozialismus-in-seinem-Lauf-hält-weder-Ochsnoch-Esel-auf«-Staatssozialisten und das Vorhandensein einer konkreten Alternative ließ die DDR so schnell vergehen. Der weltumspannende Kapitalismus hatte mit seinen Verheißungen gesiegt und stellt heute für sehr viele ehemalige DDR-Bürger eigentlich keine Alternative mehr dar. Die unterschwellige Unzufriedenheit in den Staaten Westeuropas wird auch wieder lauter. Die Anti-Globalisierungsproteste sind ebenso wie die Skepsis gegenüber dem Euro ein anfängliches Zeichen.

Attac, »eine Bewegung mit Zukunft« (Eigenwerbung), ist die französische Abkürzung von »Vereinigung zur Besteuerung von Finanztransaktionen im Interesse der BürgerInnen«. Sie will wie Greenpeace für die Umwelt oder amnesty international für die Menschenrechte zu einer Gruppierung werden, die für den »Protest gegen weltweit wachsende soziale Ungleichheit« steht. Attac richtet sich »gegen eine Globalisierung, die nur an mächtigen Wirtschaftsinteressen orientiert ist« (Quelle: Flyer von Attac-Deutschland aus dem Jahr 2001). Die Vereinigung will, so schreibt sie in ihrem Flyer, eine demokratische Kontrolle und Regulierung der internationalen Finanzmärkte, weil die Wirtschaft den Menschen dienen muß und nicht umgekehrt. Wie auch andere nicht-staatliche Organisationen haben sie in jüngerer Zeit weltweit extrem an moralischer Überzeugungskraft gewonnen, weil sie für eine weltumspannende »Gerechtigkeit« und nicht für eine »machtpolitisch geprägte Gerechtigkeit« plädieren. »Gerechtigkeit« darf nach diesem Verständnis nicht wirtschaftlichen Interessen oder anderen Opportunitätskriterien untergeordnet oder gar geopfert werden. Die Zukunft wird die Antwort darauf geben, ob diese Organisation ähnlich wie »Bündnis 90/Die Grünen« in Deutschland über eine Institutionalisierung der Ziele »zahnloser« und damit Bestandteil eines Machtkalküls oder systemischer Zwänge wird, ob sie ihre Ziele weiterhin nahezu unbeeindruckt weiter verfolgt oder sie aus irgendwelchen Gründen von der Bildfläche verschwindet. An solchen Schnittstellen entscheidet sich, welches Werturteil mit welchem Interesse tatsächlich zählt: Geht die Schere zwischen Benachteiligten und Privilegierten noch weiter auf oder entsteht eine neue Schnittmenge die »lebenswerte Bedingungen für alle« heißt?

Aufgrund ihrer Organisationsstruktur erzeugt Attac als »soziale Bewegung« einen Willen zu einer gesellschaftlichen Veränderung auf bisher nicht-institutionalisierte Weise zwecks Realisierung eines gemeinsamen Ziels (vgl. Rolke 1987). Attac bildete sich aufgrund massiver negativer Folgen des globalen Wirtschaftens. Internationale Handelsbeziehungen, Zusammenschlüsse und Organisationen werden wegen ihrer einseitigen Interessen für die Zwecke der wohlhabenden Nationen dafür verantwortlich gemacht. Attac fordert, wie zuvor viele nationale Protestbewegungen auch, eine »kommunikative Rationalität« (Rolke) bei der Politikbearbeitung ein. Entstanden ist Attac aus den Widersprüchen internationalen Handelns bezüglich der Nichteinlösung von Gerechtigkeitspostulaten in menschlicher und wirtschaftlicher Hinsicht. Heute zeigt sich diese Vereinigung als ein kollektiver internationaler Akteur, der in den Prozeß politischen, sozialen und wirtschaftlichen

Handelns eingreift, indem die »terms of trade« angegriffen werden. Durch die Forderung nach einer »Tobin-Steuer« (Steuer auf internationale Finanztransaktionen) sollen die internationalen Finanzmärkte reguliert und Steuerflucht ausgeschlossen werden. Für die Unterstützer von Attac hat der politische Raum an positiver Orientierung eingebüßt und zeigt Fremdheit. Darüber sind kollektive Handlungsmotive entstanden, die eine hohe symbolische Integration bei gleichzeitiger geringer Rollenspezifikation auf Seiten der Unterstützer ermöglichen. Mit variablen Aktionsformen, die keinen starren oder rituellen Charakter aufweisen, soll ein grundlegender sozialer Wandel eingeleitet werden. Attac ist es über die Ausbildung von Sub- und Gegenkulturen sowie eines neuen politischen Leitparadigmas gelungen, innerhalb der nationalstaatlichen Klimata und auch international ein latentes Unzufriedenheitspotential zu bündeln. [8]

Die »soziale Bewegung Attac« gibt für ihre Unterstützer eine Antwort auf die Entkoppelung von globaler und individueller Lebenswelt. Der Protest um die ursprünglich geplante Versenkung der ausgedienten Ölplattform »Brent-Spar« von Shell zeigt, daß Protestaktionen auch sehr punktuell möglich sind, wenn Unzufriedenheitspotential mobilisiert werden kann. Zu Jugendlichen und Politik führe ich im Kapitel »Denn sie wissen, was sie tun« aus, daß sich Jugendliche weniger in etablierte Politikprozesse einbringen, als sich kontinuierlich und punktuell für ihre politische Ziele einzusetzen. Die Überzeugung für die »Sache« steht im Vordergrund. Das Kalkül der etablierten Politik mit seinen vielen Rücksichtnahmen tritt in den Hintergrund. Jugendliche verweigern sich folglich in diesem Punkt der parallelisierten Politikbearbeitung und fordern moralisch »sauberes« Agieren ein, das keinem Kompromiß geopfert werden darf.

Auf der politischen Agenda gibt es Themen, die aufgrund neu entstandener Akteure hohe Aufmerksamkeit bekommen. Die Behandlung dieser Themen wird damit aus den ursprünglichen Bearbeitungskonventionen herausgerissen, so daß sie nicht mehr nur teilsystemisch beantwortet werden können. Die Bohrinsel Brent Spar wurde auf diese Weise von einem Entsorgungsfall zu einem ökologischen Problem. Das (öffentliche) Interesse wandelte sich von »Das wird schon seine Richtigkeit haben!« zu »Dieser Umweltskandal ist nicht hinzunehmen!«. Aus einer erst rein technischen Frage wurde eine brisant politische Angelegenheit. Ein von den staatlichen Parlamenten oder internationalen Institutionen oder Organisationen bisher vernachlässigtes oder unterdrücktes Anliegen wird auf einem außerparlamentarischen Weg zum »Thema«. Damit stellt sich für die »alten« Akteure die Frage, ob und wie das »neu formulierte« Thema in ihre Politikbearbeitung aufgenommen wird oder weiterhin unbeachtet bzw. unterdrückt bleibt. Wenn dieses Thema von der »großen Politik« vereinnahmt wird, droht es wieder auf die Politikbearbeitung mit Objektstatus zurück zu fallen und in ein Teilsystem abgeschoben zu werden. Ob das Problem aus der Sicht des ursprünglich neuen Akteurs dann gelöst oder nicht gelöst ist, wird die Geschichte erst im Nachhinein zeigen.

Die Grundvoraussetzung für eine Veränderung ist - wie auch das Beispiel Attac an einem Teilsystem verdeutlicht -, überschaubare Prozesse innerhalb eines transparenten Gebildes zu schaffen, was Betroffenheit und Ursache zusammenführt. Der Sozial- und Naturwissenschaftler Ullrich, für den Politik grundsätzlich auf einen abgrenzbaren Raum angewiesen ist, illustriert dies mit einem plastischen Bild aus der Abfallwirtschaft:

»Wer beispielsweise heute Giftstoffe in den Abguß schüttet, bekommt vielleicht Jahre später eine höhere Abwasserrechnung, die er mit seinem Fehlverhalten nicht mehr in Verbindung bringt. Die gleiche Tat bei einer Pflanzenkläranlage in der Nähe würde durch die Signale der Pflanzen das Verhalten sehr schnell ändern.« (Ullrich 1999, 176)

In bezug auf Jugendliche läßt sich analog folgern: Sie können nur verantwortlich handeln, wenn sie auf heutige Verantwortliche treffen, die auch für die Ursache und die Wirkung ihres Tuns und nicht »nur« für das Makeln, Managen und Verlängern des Vorhandenen stehen. Wenn diese Aussage zum Leitmotiv für Handeln überhaupt genommen würde, müßten alle Prozesse darauf ausgerichtet sein, nicht nur mit intelligenter menschlicher und technischer Steuerung versehen zu sein, sondern ebenfalls mit einer Logik, die alle Steuerungsmomente im Sinne einer positiven zukünftigen Gestaltungsoption kontrollierbar und revidierbar werden läßt.

Anmerkungen

[1] Diese Textpassage ist auf der Buchrückseite von Illichs »Fortschrittsmythen« abgedruckt.

[2] Im Original lautet die von mir paraphrasierte, behutsam aktualisierte und damit aus ihrem Zeitzusammenhang herausgerissene Textpassage folgendermaßen: »*Der subjektiv ungleichzeitige Widerspruch ist gestaute Wut, der objektiv ungleich-zeitige unerledigte Vergangenheit; der subjektiv gleichzeitige die freie revolutio-näre Tat des Proletariers, der objektiv gleichzeitige die verhinderte, im Jetzt enthaltene Zukunft, die verhinderte technische Wohltat, die verhinderte neue Gesellschaft, womit die alte in ihren Produktivkräften schwanger geht.*« (Bloch 1970, 122)

Seit der ersten Publikation der Bücher von Marcuse und Bloch ist einige Zeit vergangen, doch hat sie diese Ideen nicht ad absurdum geführt. Die objektiven und subjektiven Grundlagen unseres Lebens sind deutlichen Wandlungen unterworfen, so daß wir in anderen Zusammenhängen interpretieren müssen. Das von Bloch 1935 analysierte Erbe mündete im menschenverachtenden Nazi-Deutschland. Die für Marcuse noch 1964 aktuellen Zeiten der Ideologien des »Kalten Krieges« im Ost-West-Gegensatz sind durch unbestimmte Zeiten des Krieges abgelöst. Auch einige Theoriegebäude sind zusammengestürzt, doch heißt das noch lange nicht, daß sie falsch waren. Sie sind von der Wirklichkeit überholt worden.

[3] »Die Ausweise sind ein weiterer wichtiger Bestandteil des Terrorplans. Ohne sie müssten all die, die nicht im Besitz eines amerikanischen Führerscheins sind, am 11. September beim Einchecken ihre arabischen Reisepässe vorzeigen.« (Der Spiegel - 3.12.2001, 133)

[4] Der frühere Schulleiter Carl-Heinz Mallet legt mit seinem Buch »Die Leute von der Hafenstraße. Über eine andere Art zu leben« (2000) ein Zeugnis zu Hamburgs umkämpfter Hafenstraße ab, das in bürgerlichen Verhältnissen lebenden Lesern zunächst fremd sein mag, doch sehr beeindruckend alternative Lebensweisen mit kollektiv getragenen Entscheidungsmustern schildert. Im Sinne eines ethnogra-phischen Vorgehens hat sich Mallet auf den Weg gemacht, erst einmal überhaupt zu verstehen, um dann die Lebensverhältnisse in ihren ureigenen Facetten nach-vollziehen zu können. Die Hafenstraße ist nach Mallet ein sozialer Ort mit basisdemokratischen Konfliktlösungen.

[5] Sellmann gerät mit seinem Ansatz in Widersprüchlichkeiten, wenn er einerseits ein konstruktives Miteinander von Menschen, Organisationen und Systemen beschreibt, aber andererseits letztlich eine technokratische Elite befürwortet, um »steuern« zu können: »*Mit zunehmender Wissensbasierung werden die gesell-schaftlichen Handlungsketten voraussetzungsreicher und ihre Steuerung kom-plizierter, so daß man wissensbasierte Steuerungstechnologien entwickelt, die das Problem - und seine Lösung - wieder von vorne aufrollen.*« (Sellmann 2000, 16)

[6] »*Ihre [gemeint sind: Wirtschaft, Wissenschaft, Politik - LF] (desynchronisierte) subsystemische Beschleunigung hat sie über ihre Grenzen hinausgetrieben und bringt sie nun wieder zur Verschmelzung. Die Akzeleration überwindet und beseitigt auf diese Weise allmählich die sie ermöglichenden Institutionen der Moderne; ihr eignet die Tendenz zur Auflösung all jener (räumlichen, zeitlichen und sozialen) Strukturen, die Beharrung signalisieren.*« (Rosa 1999, 403)

[7] Elias Canetti hat bereits vor Juan Goytisolo dem Platz »Djemaa el-Fna« ein beeindruckendes literarisches Denkmal gesetzt: Canetti, Elias 1994: Die Stimmen

von Marrakesch. Aufzeichnungen nach einer Reise, München, Wien (Erstveröffentlichung 1967)

[8] Die hier gemachten Aussagen zu »sozialen Bewegungen« basieren zum Teil auf einem Buch von Lothar Rolke (»Protestbewegungen in der Bundesrepublik Deutschland [Opladen 1987]) und auf einem Vortrag von mir (»Soziale Bewegung als politischer Akteur« - unv. Ms., Bielefeld 1997).

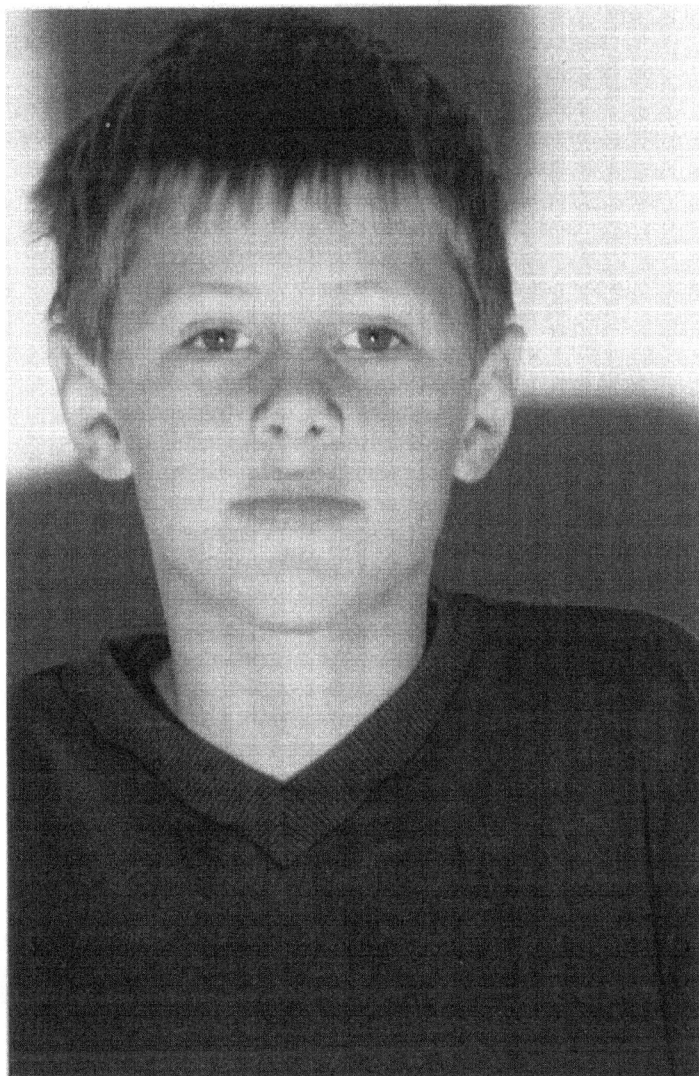

Tim, 8 Jahre

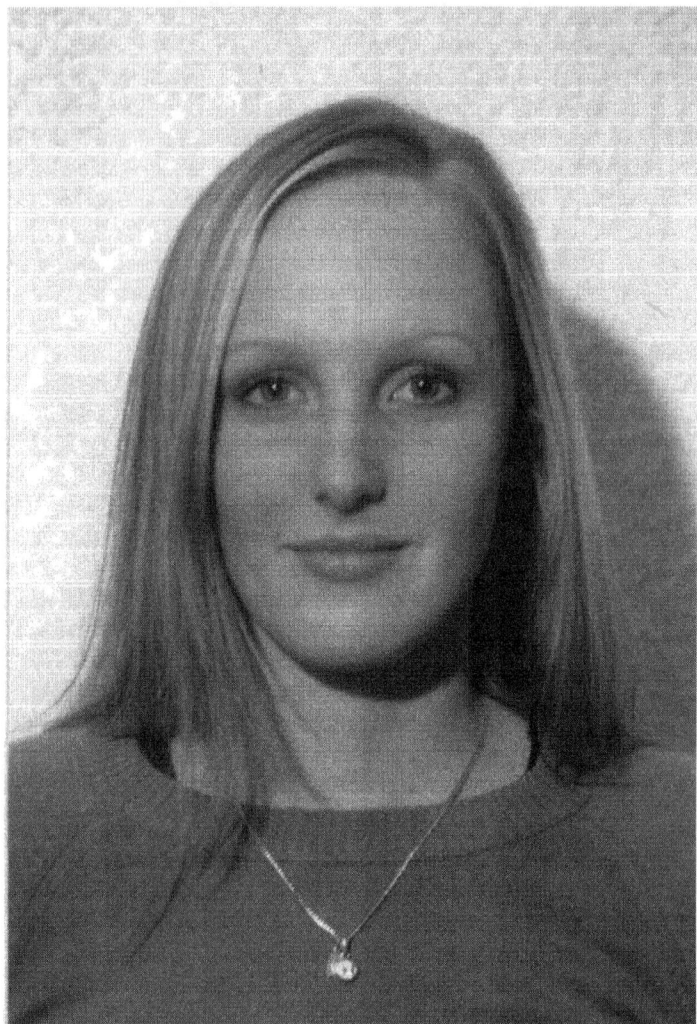

Nina, 17 Jahre

Laßt der Jugend ihre Welt: Schluß

In der Entwicklungshilfedebatte gibt es den Satz: Entwicklung hat begonnen, wenn Durst zu »Coke« geworden ist. Der Durst ist damit warenbezogen (vgl. Duden 1999, 194). »Coke« steht in diesem Ausspruch für die Uminterpretation des Grundbedürfnisses »Trinken« zur käuflichen Ware. Das Trinken von natürlichen Ressourcen ist damit der schlichten Notwendigkeit des »Durststillens« beraubt. »Trinken« hat eine Konnotation bekommen. Ein Abhängigkeitsverhältnis wird begründet, das nur schwer zu korrigieren ist. Die Coca Colas stillen nicht nur den Durst, sondern transportieren die Freiheit des Konsums: »Wenn mir verboten wird, meinen Durst zu stillen wie ich will, bin ich unfrei.« Wer will das schon sein oder zu verantworten haben! Die Eltern stehen gegenüber ihren Kindern unter einem permanenten Legitimationszwang, weil die Werbung diese Art, den Durst zu löschen, ungefragt und permanent in die Köpfe der Kinder einhämmert. Sei dies durch Plakatwände, Zeitungen, Radio, Fernsehen, Eintrittskarten - der Werbung können wir heute nicht entkommen. Eltern müssen einen Kampf aufnehmen, den sie nie erklärt haben. Sie sind dabei Opfer und Täter. Es gibt für sie kein Entrinnen.

Diese Vereinnahmung für ein »Produkt« ist ein Musterbeispiel für das Funktionieren die Warenwelt. Der Kurzschluß zwischen Bedürfnis und Ware findet sich ebenso bei Kleidung, Hygieneartikeln, Autos, Computern etc. Diese Freiheit ist grenzenlos. Laßt der Jugend ihre Welt! Der Irrglaube, daß Jugendliche heute frei seien, ihre Welt gestalten können, ist weit verbreitet. Wenn sie Geld haben, mag die Freiheit des Konsums grenzenlos sein. Wenn Jugendliche aber anders leben oder im übergreifenden Sinn gestalten wollen, stoßen sie permanent an Grenzen. Sie haben nicht die Möglichkeit qua struktureller und tatsächlicher Macht, die anderen mit ihren Ideen zu majorisieren und zu traktieren. Der übersteigerten Bedeutung der Warenwelt mit ihren verwobenen Abhängigkeiten können sie kaum entkommen. Zukünftige Generationen haben kaum mehr die Wahl, sich anders zu entscheiden, denn sie treffen immer auf tatsächliche oder auch scheinbare Sachzwänge: Wenn wir keine Getränke, Kleidung, Hygieneartikel, Autos oder Computer mehr produzieren, werden Menschen arbeitslos. Die Werbeindustrie propagiert mittels Fernsehen ihre arbeitsplatzschaffenden Effekte in unseren Wohnzimmern. Wir sind zum Konsumieren aufgefordert, weil wir sonst unsere Nachbarn in die Arbeitslosigkeit befördern. Der Werbeindustrie gelingt damit ein bestechender Schachzug, denn nur wer konsumiert, ist ein guter Bürger; die anderen produzieren Arbeitslosigkeit. Damit ist der Sieg der Quantität (Absatz um jeden Preis) über die Qualität (tatsächliche Notwendigkeit) besiegelt.

Nicht aber nur Produkte, sondern auch Prominente unterliegen den Gesetzen des Marketing,

»(...) *denen zufolge unter bestimmten Bedingungen eine Nachfrage entstehen kann, wenn ein Angebot lange genug ins Bewußtsein gehoben wurde. Der Prototyp einer solchen geglückten Fabrikation von Prominenz ist Verona Feldbusch. (...) So überflüssig die Masse an Prominenzmaterial auf den ersten Blick auch scheinen mag, erfüllt sie doch eine nicht zu unterschätzende soziopolitische Funktion.*« (Schönburg 2001, 62)

Berühmtheiten sind Teil einer Ablenkungskultur, denn durch Prominente kann die innewohnende strukturelle Ungleichheit unserer Gesellschaft übertüncht werden [1]. Hier treffen wir wieder auf eine Variante der Potemkinschen Dörfer: Nur nicht der »Wahrheit« ins Auge schauen; das Spielerische wird zur »Wahrheit«. Wegen der Sucht, sichtbar zu sein, werden Prominente kreiert. Auch der inzwischen schon wieder in der Versenkung verschwundene Big Brother Container-Insasse Zlatko zeigte, wie einzigartig massenhaft wir alle sind: In jedem von uns steckt ein Star! Wenn der Zlatko-Scheinwerfer ausgeht, wird ein anderer Mensch, ein anderer Ort beleuchtet. Es wird wieder ein irres Ding oder dasselbe Ding noch irrer. Irgendwann formt es die Wahrnehmung von immer mehr Menschen ... bis dieses Licht endgültig ausgeht. Ein neuer Schein wird irgendwann, irgendwie und irgendwo aufgehen. Das ist die unendliche Geschichte des Fernsehens oder auch der Musik und des Konsums: Gnadenlos wird medial vorgegaukelt, bis es gefällt, nein: Solange die Quote stimmt und die Kasse klingelt. Wenn wir nicht dem Schein hinterher laufen wollen, müssen die Beleuchter der Show ihre Scheinwerfer bereits auf uns gerichtet haben. So wie aus Aschenputtel eine Prinzessin wurde, so wurde aus dem Niemand-Zlatko ein Medienstar-Zlatko. Andere dürfen davon träumen.

Die Veronas und Zlatkos entwerten viele Berufe, weil diese zwar gesellschaftlich notwendig sind, doch längst nicht so viel Anerkennung und Geld bringen. Die individualisierte Gesellschaft aber verkehrt auch gern eine solche Ansicht als Neid. Der Gegensatz kann nicht darin bestehen, Menschen dafür verantwortlich zu machen, daß sie nicht im Rampenlicht stehen oder nicht so viel Geld verdienen. Arbeiten müßten an ihrem sozialen Wert gemessen werden. Das ist freilich heute nahezu illusorisch. Es sind die Marktgesetze, die jugendliche Sozialisation prägen. Die Jugendlichen werden verführt. Wenn sie sich haben verführen lassen und daran in irgendeiner Form scheitern, sind sie wieder selbst schuld. Warum aber sollen sie hart arbeiten, wenn sie vorgelebt bekommen, daß anderen das Geld hinterhergeschaufelt wird? Viele notwendige Erwerbsarbeiten wie die von Krankenschwestern, Sozialpädagogen oder Müllwerkern lassen sich nicht dermaßen vermarkten und werden darüber entwertet. Bert Brechts »Fragen eines lesenden Arbeiters« sind nach wie vor aktuell:

Wer baute das siebentorige Theben?

In den Büchern stehen die Namen von Königen.

Haben die Könige die Felsbrocken herbeigeschleppt?

Und das mehrmals zerstörte Babylon,

Wer baute es so viele Male auf? In welchen Häusern

Des goldstrahlenden Lima wohnten die Bauleute?

(...)

Cäsar schlug die Gallier.

Hatte er nicht wenigsten einen Koch bei sich?

(...)

Jede Seite ein Sieg.

Wer kochte den Siegesschmaus?

Alle zehn Jahre ein großer Mann.

Wer bezahlte die Spesen?

So viele Berichte,

So viele Fragen.«

(Brecht 1969, Hamburg - Erstveröffentlichung 1953)

»Laßt der Jugend ihre Welt« heißt für mich, daß tatsächlich Gestaltungsraum vorhanden sein muß, der nicht als Spielwiese anderer Interessen nur so genannt wird. Zu diesem Zweck will ich noch einmal kurz das bisher Dargelegte für die »Jugend im Hexenkessel« zusammenfassen.

Im ersten Kapitel »Denn sie wissen, was sie tun« setze ich mich mit den unterschiedlichen und in ihrer Konsequenz doch wieder ähnlichen Denk- und Verhaltensweisen von Jugendlichen und Erwachsenen auseinander. Erwachsene entscheiden mehr aufgrund von Erfahrung, doch Erfahrung bildet nicht mehr unbedingt die Entscheidungsgrundlage in der postmodernen Gesellschaft. Zudem widme ich mich dem Problemkreis von Politik- und Politikerverdrossenheit, als dessen Ursache oft zu Unrecht Jugendliche benannt werden. Auch werden alltägliche Gewaltverhältnisse und mediale Einflußnahmen bei politischen Entscheidungsprozessen benannt. Die realpolitische Konsequenz dieses Kapitels könnte in etwa lauten: Packen wir's für die derzeit Erwachsenen an, bedienen ihre Interessen als Wähler und Staatsbürger, ohne die Interessen der Jugendlichen tatsächlich ernstzunehmen.

»Gebt der Jugend (k)eine Chance« thematisiert zunächst die »Grenzen der Freiheit«, indem mögliche Fähigkeiten mit ihrer möglichen Einlösung in Verbindung gebracht werden. Nur allzu gern verwechseln wir im Alltag die Voraussetzungen für Kompetenzen mit den Kompetenzen selbst. Wir betrachten Kompetenzen als Optionen, die natürlich vorhanden zu sein scheinen oder auch einfach nur ergriffen zu werden brauchen. Optionserschließung bedeutet aber, gelernt zu haben, die Optionen zu nutzen. Weil viele Menschen die Feinheiten des »kulturellen Kapitals« (Bourdieu) nicht bedienen können, sind sie von vielen »Segnungen« des Fortschreitens ausgeschlossen.

Bei Eintritt in Schul-, Ausbildungs- oder auch allgemein Qualifikationssituationen wird die individuelle Unterschiedlichkeit, die Kinder und Jugendliche ungleich starten läßt, als Gleichheit im Sinne gemeinsamer Lernanforderungen uminterpretiert und in der (unterrichtlichen) Praxis als Begabung oder deren Gegenteil begriffen. »Benachteiligung als Stigma« kann in diesem Ensemble dann paradoxerweise wieder zu einer Qualifikation werden, weil Jugendliche nur unter bestimmten Voraussetzungen über Benachteiligtenprogramme gefördert werden können.

»Brüche« im Lebensweg von Menschen gehören nicht erst seit heute zur Normalität - sie sind nur »anders« geworden. Im dritten Kapitel arbeite ich dann die Brüche aufgrund der postmodernen Erfordernisse heraus. Die Sozialisationsinstanz »Erwerbsarbeit« bröckelt bzw. sie karikiert sich schon selbst und soll dennoch als Vorbild für die Jugend herhalten. Ebenso unscharf wie der heutige Begriff von »Erwerbsarbeit« ist der von »Kinderarbeit«. Beiden fehlt eine zeitgemäße Füllung, denn die gestrige stürzt bei näherer Betrachtung in sich zusammen. Auch das Ausbildungssystem fußt auf sehr vielen überholten Annahmen. Wir lassen bei den untersuchten Problemstellungen erst viele »Kinder« in den Brunnen fallen und treffen dann die Auslese: 1. Diese Kinder schaffen es ohne großartige externe Unterstützung, dann muß nicht interveniert werden. 2. Bei diesen lohnt eine weitere Investition, weil sie sich auf der Kippe befinden. 3. Es lohnt sich nicht mehr, weil jene den Anforderungen zu weit entrückt sind.

Die Meßlatte für »Erfolg« liegt bei wirtschaftlichen Erfordernissen und nicht bei der menschlichen Existenz. Die Masse der Jugendlichen will erwerbsarbeiten, durch selbstverdientes Geld auf eigenen Füßen stehen, doch ist die Erwerbsperspektive bei ihnen schon zum Teil zerstört, bevor sie sich positiv entwickeln kann.

Die Überschrift des vierten und letzten Kapitels, »Parallelen treffen sich im Unendlichen«, verkörpert »Uneingestandenes«. Obwohl die Menschen in den sogenannten modernen Staaten immer wieder gebetsmühlenartig behaupten, daß sie kreativ seien und auch de facto gestalten können, sitzen sie einem Irrglauben auf. Sicherlich können sie vielfach ihren Nahraum und ihre Arbeitsumgebung selbst konturieren, doch die »eigentlichen Entscheidungen« finden ohne sie statt. Es wird deutlich, daß Macht und Gestaltung im Sinne menschlichen Tuns fast fiktiv geworden sind. Viele Teilsysteme mit Eigenlogiken existieren nebeneinander, und ihre Schnittmengen muten schon fast zufällig oder paradox an. »Pazifismus durch Waffen«, »Wohlstand mit Armut«, »Realisierung des Glaubens durch Gentechnologie«, »Rauchen gegen den Terror« oder »Rasen für die Rente« könnten solche Schnittmengen heißen. Ein gesellschaftliches Subjekt im Sinne ethischer Verantwortung gibt es nicht (mehr). Die Menschen haben ihre Verantwortung an von ihnen geschaffene Prozesse mit teilsystemischen Eigenlogiken abgegeben, die sie erst ex post rechtfertigen können. Die Unüberschaubarkeit der Welt hat zu unendlich vielen beruflichen und privaten Fluchten geführt.

»In unserer notwendig geplanten Welt sind kreative Leute nur in den dafür eingeräumten Laboratorien, den ,Als-ob-Wirklichkeiten' zugelassen, nicht im Alltag.« (Hentig 1998, 71)

Die Kinder und Jugendlichen müssen sich in bestehende und damit herrschende Prozesse einleben. Sie haben heute nur geringe Chancen, diesen zu entrinnen, weil sie, sobald sie auf die bestehende Logik einschwenken, Gefangene derselben werden. So könnte ein kulturpessimistischer Schluß lauten, daß alles doch keinen Sinn habe. »Wir amüsieren uns zu Tode« (Postman), könnte die Konsequenz sein.

Es gibt bereits Muster für einen anderen Weg. Nicht nur Jugendliche spüren eine immer größer werdende Distanz zur »großen Politik« und erleben diese als unglaubwürdig oder abgehoben. Vor allem aber merken sie, daß in der »großen Politik« keine Ideale mehr vorhanden sind. Der Sachzwang dominiert. Die Unglaubwürdigkeitslücke, die die etablierte Politik aufgrund ihrer zwangsweisen Abgehobenheit aufbaut und hinterläßt, produziert letztlich ein politisches Vakuum. Soziale Organisationen oder auch Bewegungen wie Greenpeace, amnesty international, Robin Wood oder auch in jüngster Zeit Attac füllen in »ihren« Teilsystemen dieses Vakuum als »single purpose movements«. Es existieren unzählige lokale Initiativen für Naturschutz, gegen Elektrosmog oder Verkehrslärm; sie entstehen oder vergehen auch wieder.

An immer mehr Stellen fühlen oder erleben sich gerade Kinder und Jugendliche nicht vertreten. Freilich sind sie dennoch in den Errungenschaften der Erwachsenenwelt verhaftet, weil sie alltäglich von deren Segnungen scheinbar profitieren. Gameboys, Handys, PCs sprechen eine eindeutige Sprache. George Lipsitz, einer der »unkonventionellsten linken Intellektuellen der USA«, so die Frankfurter Sonntagszeitung vom 6.1.2002 (Minkmar 2001, 21), warnt beispielsweise davor, daß die USA am Scheideweg seien, weil sie ein zerrissenes Land zwischen Arm und Reich, zwischen Stadt und Land, den Weißen und anderen Ethnien darstellten. Daher zeichnen sich Anhaltspunkte für argentinische Verhältnisse am Horizont ab, wo Armut, Ausbeutung, staatliche Miß- und private Vetternwirtschaft im Januar 2002 Haß und unkontrollierte Gewalt produziert haben. Ohne die Utopie einer anderen Gestaltung oder einer besseren Gesellschaft werden diese Unruhen vergehen. Nur wenn Ziele oder auch

Ideologien, so diffus sie auch sein mögen, vorhanden sind, kann etwas »Neues« entstehen.

»Aus all diesen Nachbarschaftstreffen in Armenvierteln, Versammlungen von Tagelöhnern und studentischen Initiativen kann, so unerhört das heute sein mag, eines Tages eine neue politische Bewegung entstehen, die sich mit den Globalisierungsgegnern von Attac verbünden könnte. Die Musik dazu, Hip Hop von The Coup und Reggae von Manu Chao, gibt es schon. ‚Gerade jetzt, in dem Augenblick, wo die Ansicht zu triumphieren scheint, daß Demokratie und globalisierter Kapitalismus das gleiche seien, kann der Moment ganz nahe sein, an dem diese Verbindung als kulturelle Fabrikation enttarnt werden kann und wir uns etwas Neues einfallen lassen müssen.‘ « (Minkmar 2001, 21) [2]

Lipsitz richtet in seinem Buch »Dangerous Crossroads. Popmusik, Postmoderne und die Poesie des Lokalen« (1999) sein Augenmerk auf die verändernde Kraft der Musik und wendet sich gegen den Monokulturalismus und die dazu gehörenden Nivellierungen und Unterdrückungen (s. Lipsitz 1999, 11):

»Durch Musik entwickeln wir ein Gefühl für Orte und Ortsverluste. Klagen um verlorene Plätze und Geschichten von Exil und Rückkehr gestalten, inspirieren und motivieren Popmusik.« (Lipsitz 1999, 41)

Regionales und Lokales mit der Musik als räumlich Gebundenem tragen bei den Menschen zur Identität bei. Das Globale bietet mit seinen vielfältigen Möglichkeiten an der Oberfläche mehr Freiheit und auch Identitätsstifendes. Diese optionale Freiheit bietet einerseits viele Gelegenheiten wie auch Gefahren. Weite Teile des Lebens sind austauschbar, offen, aber auch beliebig. Im Herkunftsmilieu stehen sich soziale Zwänge mit dem Wunsch nach »kleinen oder großen Fluchten« gegenüber. Die erste Variante hieße, »man« bliebe mobil, die zweite »man« wäre immobil. Die Jugendkulturen haben einerseits noch eine enge lokale Bindung, werden aber auch von der Erlebnisgesellschaft immer schneller vereinnahmt.

Im Extremfall entwickeln sich zwei Typen von Menschen. Wenn Identität bedeutet, zu wissen, wer ich bin, was ich tue und denke, warum das sinnvoll ist und ich mich in einem Lebenszusammenhang mit anderen befinde und daher auch unterscheiden kann, bin ich einzigartig, gleichzeitig aber trage ich auch einen Teil der mich umgebenden Menschen in mir. In der Jugendphase geht es darum, einen Platz in der Gesellschaft zu finden. Jugendliche nabeln sich von den Eltern ab, wenden sich Peergroups und Freunden zu, werden (beruflich) selbständig. Jungsein bedeutet heute, zwischen den Polen »Lebenswelt« und »Welt« zu leben.

*»Die Jugendkulturen der Straßen, Plätze, Parks und Hinterhöfe haben es schwer, dagegen (*gegen die Erlebnisgesellschaft, Anm. LF*) zu bestehen. Die Erlebnisintensität des überbordenden Freizeitmarktes können sie kaum bieten, jedenfalls kaum auf legalem, sozial akzeptierten Wege. (...) Cross-Culture: Ein bißchen davon, ein bißchen hiervon, heute dies, morgen das, tagsüber eifriger Schüler, abends cooler Rapper, montags bis freitags geregelte Arbeit, am Wochenende raven bis zum Austrocknen - vielschichtiger, verschachtelter, widersprüchlicher, undurchsichtiger, wechselhafter, fluktuierender wird das Spiel mit Stilen und Selbstinszenierungen. Ist es deshalb wertloser? Muß man eine Schwäche der Unverbindlichkeit beklagen?«* (Möller 1999, 19)

Diese Annahme zu Jugendlichen ist letztlich nur eine konsequente Fortsetzung dessen, was ihnen von vorherigen Generationen vermittelt wird. Aufgrund der zunehmenden Auflösung tradierten Verhaltens leben die Erwachsenen bereits »Beziehungslosigkeit« im Sinne sozialer Verantwortungslosigkeit vor. Der Egoismus rangiert vor den Interessen des Gemeinwesens. Bedürfnisbefriedigung findet immer weniger im Freundeskreis statt, sondern wird auf dem Markt erworben. Die Fähigkeit zu emotionalem Aushandeln verkümmert auf diese Weise nach und nach.

Es gärt jedoch bei den Jugendlichen hinter der Fassade der Oberflächlichkeit. Die Sinnsuche nach dem »Eigentlichen« des Lebens steht im Zentrum des Seins. Spiritualität und Religiosität, diese allerdings eher jenseits der alteingesessenen Religionen, nehmen zu. Die Suche nach dem Glück ist individueller geworden, aber keinesfalls überkommen. Die Frage nach dem Genuß steht neben dem Sinn. Die Sozialisationsinstanz Erwerbsarbeit als Zukunftsperspektive bürgerlicher Vorstellung ist allerdings für Jugendliche weggebrochen. Insofern hat »Sinn« eine andere Bedeutung bekommen, weil er weiten Teilen seiner »alten« sozialen Rahmung entkleidet wurde. Andere Religionen als die in Europa verwurzelten stellen in anderer Weise das persönliche Glückempfinden aus sich selbst oder das Kollektive als Freiheitswert heraus. Wenn auch einige Werte ähnlich sein mögen, so sind die tradierten von den betreffenden Menschen als einengend erlebt worden. Insofern ist das »Zitieren« aus einer anderen religiösen Vorstellung - also das Herauslösen von Teilen, ohne das Ganze leben zu müssen - unbelasteter und daher vielfach attraktiver. Gleichzeitig erweitert es die eigene Lebens- und Denkvorstellung. Die eigene Kultur steht jedoch damit weniger im Zentrum des Seins.

Jugendliche führen heute kein Leben ohne Verantwortung. Verantwortung hat allerdings ein anderes Gesicht bekommen. Sie läßt sich nicht mehr generell aus der Vergangenheit ableiten, sondern muß immer häufiger in der jeweiligen Situation ausgehandelt werden, obwohl - und das ist kein Widerspruch - gerade von Jugendlichen grundlegende Werte eingeklagt werden. Wenn Jugendliche, also zukünftige Generationen, etwas aushandeln wollen, benötigen sie dazu einen tatsächlichen Spielraum. Die »Alten« aber leben weiter ihren »Turmbau zu Babel«. Auch die heutigen Repräsentanten von Politik, Wirtschaft und Kultur meinen, Zukunft gestalten zu können, den richtigen Weg für alle Zeiten zu kennen. Die Idee, für alle Menschen etwas hinzubekommen, einen riesigen Turm von Babel bis in den Himmel zu bauen, um menschliche Überlegenheit von heute über alles und jeden zu stellen, scheitert an der Unterschiedlichkeit der Menschen. Insofern sollten alle, die in den Hexenkessel etwas hinwerfen, sich überlegen, ob ihre Zutaten auch zukunftsfähig sind.

Die Zukunft ist und bleibt ungewiß, ist offen und durch gegenwärtiges Handeln verschlossen. Gestaltung für die Zukunft heißt, sich heute zurückzunehmen, um Spielräume für morgen zu eröffnen. Klassische Denkfiguren gehen von den Erwachsenen aus, um die Welt für Kinder und Jugendliche zu bestimmen. Kindheit ist aus diesem Blickwinkel ein Schonraum, der aber durch veränderte gesellschaftliche Rahmenbedingungen schon lange in der Realität nicht mehr existiert ist. Kinder und Jugendliche sind ebenso Subjekte wie Erwachsene. Sie sind der Teil der gesellschaftlichen Realität, dem die Zukunft gehört.

Anmerkungen

[1] Der Autor dieses zu diesem Gedankengang herangezogenen Artikels ist der Journalist Schönburg. Schönburg selbst wiederum bezieht sich auf das - wie er schreibt - populärwissenschaftliche Buch »Celebrity« des englischen Soziologieprofessors Chris Rojek.

[2] Nils Minkmar bezieht sich in seinem Artikel »Denk ich an Deutschland, hilft mir Pop« (Frankfurter Allgemeine Sonntagszeitung vom 6.1.2002/Nr. 1, 21) auf das von George Lipsitz im Dezember 2001 erschienene Buch »American Studies in a Moment of Danger« (University of Minnesota Press).

Bildernachweis:

Die abgebildeten Kinder, Jugendlichen und (jungen) Erwachsenen sind von Lutz Finkeldey um die Jahreswende 2001/2002 aufgenommen worden.

Literaturliste und Quellenverzeichnis

Adick, Christel (1997) (Hg.): Straßenkinder und Kinderarbeit, Frankfurt/M.

Adorno, Theodor W. (1976): Studien zum autoritären Charakter, Frankfurt/M.

Appel, Michael/Stötzel, Angelika (1999): Ethnographische Methoden in der Jugendarbeit, in: Niedersächsisches Landesjugendamt (Hg.): Die jungen Krieger und die Tugend der Orientierungslosigkeit, Hannover, S. 30-34

Arbeitskreis Berufsschulsozialarbeit in Bayern (o.J.): Rahmenkonzeption Berufsschulsozialarbeit, o.O. (Ms.)

Archiv für Jugendkulturen/Rohmann, Gabriele (Hg.) (1999): Expressin' Myself - Punks Hiphoper Technos Skateborders, Berlin

Arendt, Hannah (1960): Vita activa oder vom tätigen Leben, Stuttgart

Ariès, Philippe (^{3}1980): Geschichte der Kindheit, München

Attac Deutschland (o.J.): attac % - Attac-Deutschland, Verden (Flyer)

Balz, Hans-Jürgen (1999): Tausch und Gerechtigkeitsempfinden, in: Finkeldey, Lutz (Hg.): Tausch statt Kaufrausch, Bochum, S. 71-93

Beck, Ulrich (1986): Risikogesellschaft - Auf dem Weg in eine andere Moderne, Frankfurt/M.

Beck, Ulrich (1993): Die Erfindung des Politischen, Frankfurt/M.

Beck, Ulrich (Hg.) (1997): Kinder der Freiheit, Frankfurt/M.

Beck, Ulrich (^{2}1998): Soziologische Aspekte: Demokratisierung der Familie, in: Palenthien, Christian/ Hurrelmann, Klaus (Hg.): Jugend und Politik, Neuwied/ Kriftel/ Berlin, S. 47-67

Becker, Gerd (1995): Zur Implementation von Streetwork, in: Becker, Gerd/ Simon, Titus (Hrsg): Handbuch aufsuchende Jugend- und Sozialarbeit, Weinheim/München, S. 51-69

Bernfeld, Siegfried (^{8}2000): Sisyphos oder die Grenzen der Erziehung, Frankfurt/M.

Bettelheim, Bruno (1987): Ein Leben für Kinder - Erziehung in unserer Zeit, Stuttgart

Birg, Herwig (2000): Deutschland wird älter und bunter, in: Jugend &

Gesellschaft 1-2000, S. 4-8

Bloch, Ernst (1973): Erbschaft dieser Zeit, Frankfurt/M.

Boal, Augusto (1980): Theater der Unterdrückten, Frankfurt/M.

Bolte, Karl Martin/Hradil, Stefan 1988: Soziale Ungleichheit in der Bundesrepublik Deutschland, Opladen

Borsche, Sven (1999): Zweitbericht der Bundesregierung an den Ausschuß für die Rechte des Kindes, in: Forum Jugendhilfe, AGJ-Mitteilungen, Heft 3/99, S. 14-16

Bourdieu, Pierre (1998): Praktische Vernunft - Zur Theorie des Handelns, Frankfurt/M.

Bourdieu, Pierre (2001): Wie die Kultur zum Bauern kommt, Hamburg

Brater, Michael (1997): Schule und Ausbildung im Zeichen der Individualisierung, in: Beck, Ulrich: Kinder der Freiheit, Frankfurt/M., S. 149-174

Brecht, Bertholt (1969): Kalendergeschichten, Hamburg

Breyvogel, Wilfried (1999): Die 'jungen Wilden' und die 'Tugend der Orientierungslosigkeit', in: Niedersächsisches Landesjugendamt (Hg.): Die jungen Krieger und die Tugend der Orientierungslosigkeit, Hannover, S. 5-9

Bundesanstalt für Arbeit (o.J.) <Verf.: Rothschuh, Michael>: Blätter zur Berufskunde: Diplomsozialarbeiter/Diplomsozialarbeiterin - Diplomsozialpädagoge/Diplomsozialpädagogin (Fachhochschule), o.J.

Bundesjugendring (1998): Regierungsprogramm der Jugend (Broschüre)

Bundesministerium für Bildung und Forschung (bmb+f) (Hg.) (1999): Berufliche Qualifizierung benachteiligter Jugendlicher, Bonn

Bundesministerium für Bildung und Forschung (bmb+f) (2001): Das informelle Lernen, BMBF PUBLIK, Bonn

Bundesministerium für Familie, Senioren, Frauen und Jugend (BMFSFJ) (1998a): Kinder- und Jugendhilfe im vereinten Deutschland, Schriftenreihe Bd. 169, Berlin/Köln

Bundesministerium für Familie, Senioren, Frauen und Jugend (BMFSFJ) (1998b): Konzertierte Aktion Bundes-Innovationen (KABI), Nr. 43, 25.9.98, Projekt 43.11

Burdewick, Ingrid (1998): „...in die Politik hineingerissen, in: Neumann, Karl: Ein bißchen mehr Macht - Politische Partzipation von Mädchen und

Jungen, Steinhorster Schriften und Materialien, Bd. 9, Braunschweig/Gifhorn, S. 9 - 14

Canetti, Elias (1994): Die Stimmen von Marrakesch. Aufzeichnungen nach einer Reise, München/Wien

Chassé, Karl-August/Wensierski, Hans-Jürgen (Hg.) (1999): Praxisfelder der Sozialen Arbeit, Weinheim/ München, S. 62-75

Deller, Ulrich/Körber, Manfred (Hg.) (2000): Auf der Kippe - Jugend in der Krise der Erwerbsarbeit, Aachen

Der Spiegel (3.12.2001), Nr. 49/2001: Das Protokoll: Was passierte am 11. September - die Spur der Attentäter in den USA, die letzten Stunden vor den Terroranschlägen, der Überlebenskampf der Opfer, S. 116-165

Deinet, Ulrich/Sturzenhecker, Benedikt (2001): Arbeitsweltbezogene Angebote in der offenen Jugendarbeit, in: Fülbier, Paul/Münchmeier, Richard (Hg.): Handbuch Jugendsozialarbeit Bd. 2, Münster, S. 711-716

Deutscher Bundesjugendring (1998) (Hg.): Neues wagen! Regierungsprogramm der Jugend, Bonn

Deutscher Verein für öffentliche und private Fürsorge (2000): Empfehlungen und Arbeitshilfe für den Ausbau und die Verbesserung der Kinder- und Jugendhilfe mit der Schule, Frankfurt (Diskussionspapier)

Deutsches Jugendinstitut (DJI) (2000): Fit für Leben und Arbeit, Leipzig

Deutsches Jugendinstitut (DJI) (2001): Fördern und Fordern, Leipzig

Deutsches PISA-Konsortium (Hg.) (2001): PISA 2000. Basiskompetenzen von Schülerinnen und Schülern im internationalen Vergleich, Opladen

Duden, Barbara (1999): Pflege: ein Konzept unter der Haut, in: Finkeldey, Lutz (Hg.): Tausch statt Kaufrausch, Bochum, S. 185-196

El-Nawab, Susanne (2001): Skinheads - Ästhetik und Gewalt, Frankfurt/M.

Enzensberger, Hans Magnus (1993): Aussichten auf den Bürgerkrieg, Frankfurt/M.

Erikson, Erik H. (^{5}1974): Kindheit und Gesellschaft, Stuttgart

Farin, Klaus (2001): generation kick.de - Jugendsubkulturen heute, München

Ferchhoff, Wilfried (1999): Jugend an der Wende vom 20. zum 21. Jahrhundert, Opladen

Finkeldey, Lutz (1992): Armut, Arbeitslosigkeit, Selbsthilfe, Bochum

Finkeldey, Lutz (1995a): Selbsthilfe - ein Alltagsmythos, in: Soziale Sicherheit 8/9 1995, 44. Jg., S. 312-316

Finkeldey, Lutz (1995b): Sackgasse Erwerbsarbeit - oder: Anders arbeiten!?, in: Gustav-Heinemann-Initiative/Finckh, Ulrich (Hg.): Armut zerstört Bürgerrechte, Stuttgart, S. 8-14

Finkeldey, Lutz (1997): Soziale Bewegung als politischer Akteur, Bielefeld (Vortrag, unv. Ms.)

Finkeldey, Lutz (Hg.)(1999): Tausch statt Kaufrausch, Bochum

Finkeldey, Lutz (2000): Zur Situation der Jugend heute, in: Die Zeichen der Zeit 6/2000, Hannover, S. 20-23

Fülbier, Paul/Münchmeier, Richard (Hg.) (2001): Handbuch Jugendsozialarbeit Bd. 1 und 2, Münster

Fülbier, Paul (2001): Jugendberufshilfe - quantitative und qualitative Dimensionen, in: Fülbier, Paul/Münchmeier, Richard (Hg.): Handbuch Jugendsozialarbeit Bd. 1, Münster, S. 486-503

Fuchs-Heinritz, Werner ([2]2000): Biographische Forschung, Wiesbaden

Gaiser, Wolfgang et al (2000): Politikverdrossenheit in Ost und West - Einstellungen von Jugendlichen und jungen Erwachsenen, in: Beilage zur Wochenzeitung Das Parlament, B 19-20/2000, S. 12-23

Galuske, Michael (1999): Jugendsozialarbeit und Jugendberufshilfe, in: Chassé, Karl-August/ Wensierski, Hans-Jürgen (Hg.): Praxisfelder der Sozialen Arbeit, Weinheim/München, S. 62-75

Geiling, Heiko (1997): Von den Halbstarken zu den Punks. Politik, Protest und Opposition Jugendlicher in Hannover seit 1945, in: Schriften des Historischen Museums Hannover: »Mit 17 ...« - Jugendliche in Hannover von 1900 bis heute, Bd. 12, Hannover

Geiss, Bärbel (2000): Draußen vor der Tür - Niedrigschwellige und aufsuchende Ansätze der Jugendsozialarbeit mit jungen Frauen, in: BAG JAW (Hg.): Jugend Beruf Gesellschaft, 1/2000, 51. Jg., S. 27-32

Geißler, Karlheinz A. ([2]2000): Zeit - verweile doch ... Lebensformen gegen die Hast, Freiburg/ Basel/ Wien

Gericke, Thomas (Hg.) (2001): Förderung benachteiligter Jugendlicher in privatwirtschaftlichen Betrieben, - Praxismodelle, DJI München/Leipzig

Gewerkschaft Erziehung und Wissenschaft (GEW) Niedersachsen (2000): Schulsozialarbeit, Frankfurt/M. (Diskussionspapier)

Gille, Martina/Krüger, Winfried (Hg.) (2000): Unzufriedene Demokraten.

Politische Orientierungen der 16 bis 29Jährigen im vereinigten Deutschland. DJI-Jugendsurvey, Opladen

Goytisolo, Juan (2000): Kibla - Reisen in die Welt des Islam, Frankfurt/M.

Gorz, André (1983): Wege ins Paradies, Berlin

Grottian, Peter (1998): Lebensperspektiven der jungen Generation. Die Arbeitslosigkeit halbieren mit einem Arbeitsmarkt von unten und einer Jugendrevolte?, in: Büscher, Martin: Markt als Schicksal?, Bochum, S. 61-72

Heckner, Thomas (2000): Niedrigschwellig, aufsuchend und sozialräumlich - Das Flex-Fernschulprojekt (nicht nur) für Schulschwänzer, in: BAG JAW (Hg.): Jugend Beruf Gesellschaft, 1/2000, 51. Jg., S. 23-27

Heinz, Walter R. (1995): Arbeit, Beruf und Lebenslauf, Weinheim/München

Heinz, Walter R./Lappe, Lothar (1998): Strukturwandel der Arbeit - Orientierungswandel der Jugend?, in: Diskurs 1/98: Strukturwandel der Arbeit - Orientierungswandel der Jugend?, S. 4-9

Held, Josef (1999): Integration und Ausgrenzung. Konzeptionelle, gesellschaftliche und regionale Voraussetzungen, in: Spona, Ausma/Held Josef (Hg.): Jugend zwischen Ausgrenzung und Integration, Band II, Hamburg/Riga, S. 1-18

Hentig, Hartmut von (1998): Kreativität. Hohe Erwartungen an einen schwachen Begriff, München/Wien

Hentig, Hartmut von (1999): Ach, die Werte!, München/Wien

Hesse, Silvia/Bolzek, Julia (1999): Im stadtweiten Dialog neue Lebensstile suchen, in: Finkeldey, Lutz (Hg.): Tausch statt Kaufrausch, Bochum, S. 49-54

Hitzler, Ronald/ Pfadenhauer, Michaela (Hg.) (2001): techno-soziologie-erkundungen einer jugendkultur, Opladen

Hoffmann-Götting, Joachim (2000): Der Jugend eine Zukunft, in: Beilage zur Wochenzeitung Das Parlament, B 19-20/2000, S. 24-32

Hollenstein Erich/ Tillmann, Jan (Hg.) (2000): Schulsozialarbeit - Studium, Praxis und konzeptionelle Entwicklungen, Hannover

Horx, Matthias/ Wippermann, Peter (Hg.) (1995): Markenkult - Wie Waren zu Ikonen werden, Düsseldorf

Illich, Ivan (1980): Selbstbegrenzung, Reinbek bei Hamburg

Illich, Ivan (1982): Vom Recht auf Gemeinheit, Reinbek bei Hamburg

Illich, Ivan (1983): Fortschrittsmythen, Reinbek bei Hamburg

Illies, Florian (⁶2000): Generation Golf. Eine Inspektion, Berlin

Institut für Jugend-, Arbeitsmarkt- und Bildungsberatung (INJAB) e.V. (Hg.)(1997): Projekteverzeichnis Jugendberufshilfe in Niedersachsen

International Labour Office (ILO) (1996): Child Labour. Targeting the Intolerable, Geneva

Jahoda, Marie (1984): Braucht der Mensch die Arbeit?, in: Niess, Frank (Hg.): Leben wir, um zu arbeiten?, Köln, S. 11-17

Janke, Klaus/Niehues, Stefan (1995): Echt abgedreht - Die Jugend der 90er Jahre, München

Jensen, Peter (2000): Die Rolle der Sozialen Arbeit beim Berufseinstieg Jugendlicher, in: Unsere Jugend, 4/2000, S. 147-154

Joas, Hans (Hg.) (2001): Lehrbuch der Soziologie, Frankfurt/ New York

Jugendrecht, 23. Auflage 1999 (Beck-Texte)

Jugendwerk der Deutschen Shell (Hg.) (1997): Jugend '97 - Zukunftsperspektiven, gesellschaftliches Engagement, politische Orientierungen - 12. Shell Jugendstudie, Opladen

Jugendwerk der Deutschen Shell (Hg.) (2000): Jugend 2000 - Zukunftsperspektiven, gesellschaftliches Engagement, politische Orientierungen - 13. Shell Jugendstudie, 2 Bände, Opladen

Kay, Ellen (1905): Das Jahrhundert des Kindes, Berlin

Kamensky, Jutta et al (2000): Kindheit und Armut in Deutschland, Ulm

Keupp, Heiner (2000): Eine Gesellschaft der Ichlinge, München

Ketter, Per-Marcel (2001): Der Kompetenzansatz in der Benachteiligtenförderung, in: Fülbier, Paul/Münchmeier, Richard (Hg.): Handbuch Jugendsozialarbeit Bd. 2, Münster, S. 821-826

Kieselbach, Thomas (Hg.) (2000): Youth Unemployment and Health, Opladen, Vol. 1 and 2

Kinder- und Jugendhilfegesetz (Achtes Buch Sozialgesetzbuch), in: Jugendrecht, 23. Auflage 1999 (Beck-Texte)

Krafeld, Franz-Josef (1998): Leben mit Zeiten ohne Erwerbsarbeit, in: Jugendhilfe in Niedersachsen, Nr. 13, S. 8-11

Krafeld, Franz-Josef: Wider die Geisterbeschwörung der Vollbeschäftigung, in: SOZIAL EXTRA, 11/1998

Krafeld, Franz-Josef (2000): Die überflüssige Jugend der Arbeitsgesellschaft, Opladen

Kreuzer, Franz/Jahoda, Marie (1983): Des Menschen hohe Braut. Arbeit, Freizeit, Arbeitslosigkeit - Franz Kreuzer im Gespräch mit Marie Jahoda fünfzig Jahre nach der Untersuchung *Die Arbeitslosen von Marienthal*, Wien

Kupka, Peter (1998): Lebenslang oder Übergang? Berufspläne junger Facharbeiter, in: Diskurs 1/98: Strukturwandel der Arbeit - Orientierungswandel der Jugend?, S. 18-27

Kursbuch 3/2001, Heft 143, Die Neidgesellschaft, Berlin

Kunstreich, Timm (2000): Grundkurs Soziale Arbeit - Sieben Blicke auf Geschichte und Gegenwart, Bd. I, Bielefeld

Kunstreich, Timm (1998): Grundkurs Soziale Arbeit - Sieben Blicke auf Geschichte und Gegenwart, Bd. II, Hamburg

Kupferschmied, Peter (2000): Entwicklung und Chancen junger Menschen in sozialen Brennpunkten (E&C), in: BAG JAW (Hg.): Jugend Beruf Gesellschaft, 1/2000, 51. Jg., S. 7-9

Lafargue, Paul (²1991): Das Recht auf Faulheit und andere Satiren, Berlin

Landesjugendring Niedersachsen e.V. (ljr) (2000): Menschlichkeit und Modernität bei Jugendlichen hoch im Kurs - Ergebnisse der 13. Shell-Jugendstudie, 23. Jg., Nr. 83, 9.5.2000

Lang, Barbara (1998): Mythos Kreuzberg - Ethnographie eines Stadtteils 1961-1995, Frankfurt/M./New York

Lexikon des internationalen Films (2001), Ausgabe 2001, München (CD-ROM)

Liebel, Hartmut (1994): Wir sind die Gegenwart. Kinderarbeit und Kinderbewegungen in Lateinamerika, Frankfurt/M.

Lipsitz, George (1999): Dangerous Crossroads. Popmusik, Postmoderne und die Poesie des Lokalen, St. Andrä-Wördern

Loch, Dietmar (2000): Jugendprotest in französischen Vorstädten. Von der Gewalt zur Integration durch Anerkennungskonflikte?, in: Roth, Roland/Rucht, Dieter (Hg.): Jugendkulturen, Politik und Protest. Vom Widerstand zum Kommerz?, Opladen, S. 263-304

Marcuse, Herbert (1970): Der eindimensionale Mensch, Neuwied/Berlin

Mallet, Carl-Heinz (2000): Die Leute von der Hafenstraße, Hamburg

Mansel, Jürgen/ Klocke, Andreas (Hg.) (1996): Die Jugend von heute - Selbstanspruch, Stigma und Wirklichkeit, Weinheim/München

Marcuse, Herbert (1970): Der eindimensionale Mensch, Neuwied/Berlin

Mecklenburg-Vorpommern (2000): Empfehlungen zur Schulsozialarbeit, Schwerin (Ms.)

Ministerium für Arbeit, Gesundheit und Soziales des Landes Nordrhein-Westfalen (MAGS NRW) (1991): Kinderarbeit, o.O.

Ministerium für Frauen, Jugend, Familie und Gesundheit des Landes Nordrhein-Westfalen (MFJFG) (o.J.): Karrieren jenseits normaler Erwerbsarbeit. Zwischenbericht (erstellt von Kraheck, Nicole/ Deutsches Jugendinstitut [DJI], München)

Ministerium für Stadtentwicklung, Wohnen und Verkehr des Landes Nordrhein-Westfalen (1988): »Eigenarbeit im organisierten Austausch. Endbericht zum Projekt: Entwicklungschancen und Probleme von Selbstversorgungsaktivitäten jenseits von Haushalt und Markt. Organisierte Eigenarbeit im Wohnumfeld und bei der nachbarschaftlichen und kommunalen Versorgung« (erstellt von: Offe, Claus/Heinze, Rolf G.)

Minkmar, Nils (2002): Denk ich an Deutschland, hilft mir Pop, in: Frankfurter Allgemeine Sonntagszeitung, 6.1.2002, Nr. 1; S. 21

Möller, Kurt (1999): Jugend? Kultur? Jugendkulturen in der Erlebnisgesellschaft, in: Archiv für Jugendkulturen/Rohmann, Gabriele (Hg.): Expressin' Myself - Punks Hiphoper Technos Skateborders, Berlin, S. 8-19

Müller, C. Wolfgang (2001): Helfen und Erziehen - Soziale Arbeit im 20. Jahrhundert, Weinheim/Basel

Müller-Kohlenberg; Hildegard (2001): Thesen zur Kooperation von Schule und Jugendhilfe (Schulsozialarbeit), Osnabrück (unv. Diskussionspapier)

Münchmeier, Richard (2001): Strukturwandel der Jugendphase, in: Fülbier, Paul/Münchmeier, Richard: Handbuch Jugendsozialarbeit, Bd. 1, Münster, S. 101-113

Mumford, Lewis (1977): Mythos der Maschine, Frankfurt/M.

Negt, Oskar (1985): Lebendige Arbeit, enteignete Zeit, Frankfurt/M.

Negt, Oskar/Kluge, Alexander (1992): Maßverhältnisse des Politischen - 15 Vorschläge zum Unterscheidungsvermögen, Frankfurt/M.

Negt, Oskar (1997): Kindheit und Schule in einer Welt der Umbrüche,

Göttingen

Neumann, Karl (Hg.) (1998): Ein bißchen mehr Macht - Politische Partizipation von Mädchen und Jungen, Braunschweig/Gifhorn

Niehues, Stephan (2000): Die Jugend dauert immer länger, in: Jugend & Gesellschaft 1-2000, S. 12-14

Oerter, Rolf ([2]1998): Psychologische Aspekte: Können Jugendliche politisch mitentscheiden?, in: Palenthien, Christian/ Hurrelmann, Klaus (Hg.): Jugend und Politik, Neuwied/Kriftel/Berlin, S. 32-46

Opaschowski, Horst W. (1999): Generation @, Hamburg

Palenthien, Christian/Hurrelmann, Klaus ([2]1998): Veränderte Jugend - veränderte Formen der Beteiligung Jugendlicher?, in: dies. (Hg.): Jugend und Politik, Neuwied/Kriftel/Berlin, S. 11-29

Postman, Neil (1995): Keine Götter mehr. Das Ende der Erziehung, Berlin

Reinberg, Alexander/ Reiserer, Sissi (2000): Oben ist die Luft am besten - Ein Ausblick auf die Arbeitslandschaft der nächsten zehn Jahre, in: Jugend & Gesellschaft 1-2000, S. 9-11

Ribolits, Erich ([3]1997): Die Arbeit hoch? Berufspädagogische Streitschrift wider die Totalverzweckung des Menschen im Post-Fordismus, Wien

Riegel, Christine (1999): »Wir sind die Rio-Girls und wir sind gut drauf...«. Die Bedeutung des Stadtteils für Jugendliche, in: Spona, Ausma/Held Josef (Hg.): Jugend zwischen Ausgrenzung und Integration, Band II, Hamburg/ Riga, S. 89-105

Rolke, Lothar (1987): Protestbewegungen in der Bundesrepublik, Opladen

Rommelspacher, Thomas (1989): Kultur - Subkultur - Kultur der Armut? - Kritische Überprüfung einer Konzeption, in Breckner, Ingrid et al (Hg.): Armut im Reichtum, Bochum 1989, S. 93-110

Rosa, Helmut (1999): Bewegung und Beharrung: Überlegung zu einer sozialen Theorie der Beschleunigung, in: Leviathan 3/1999, S. 386-414

Roth, Roland/Rucht, Dieter (Hg.) (2000): Jugendkulturen, Politik und Protest, Opladen

Sander, Uwe/Vollbrecht, Ralf (Hg.) (2000): Jugend im 20. Jahrhundert, Neuwied/ Kriftel/Berlin

Schelsky, Helmut ([4]1962): Schule und Erziehung in der industriellen Gesellschaft, Würzburg

Schierholz, Henning (2001): Strategien gegen Jugendarbeitslosigkeit, Hannover

Schilling, Johannes (1997): Soziale Arbeit - Entwicklungslinien der Sozialpädagogik/ Sozialarbeit, Neuwied/Kriftel/Berlin

Schmidt-Behlau, Beate (1999): Was ist Kinderarbeit?, in: Forum Jugendhilfe, AGJ Mitteilungen, Heft 3/99, S. 16-20

Schneider, Ulrich (1989): Armut unter Arbeitslosen. Situation und Perspektiven der von Arbeitslosigkeit betroffenen Menschen und ihrer Angehörigen, in: Blätter der Wohlfahrtspflege 11 und 12/1989, S. 292-300

Schönburg, Alexander von (2001): Die Sucht, sichtbar zu sein, in: Frankfurter Allgemeine Sonntagszeitung, 2.12.2001, Nr. 48, S. 62

Schulze, Gerhard (1999): Kulissen des Glücks - Streifzüge durch eine Eventkultur, Frankfurt/New York

Schulze, Gerhard (2000): Was wird aus der Erlebnisgesellschaft, in: Das Parlament, 17.3.2000, S. 3-6

Sellin, Burkhart (1998): Neue Anstöße für die Berufsbildung. Perspektiven aus der Arbeit des Europäischen Zentrums für die Förderung der Berufsbildung (Cedefop), in: Diskurs 1/98: Strukturwandel der Arbeit - Orientierungswandel der Jugend?, S. 85-89

Sellmann, Matthias (2000): Jugend & Gesellschaft 1-2000, S. 15-18

Sozialdemokratische Partei Deutschlands und Bündnis 90/Die Grünen (1998): Koalitionsvereinbarung zwischen der Sozialdemokratischen Partei Deutschlands und Bündnis 90/Die Grünen (3. Unterabschnitt), 20. Oktober 1998, Bonn

Sozialgesetzbuch III (Arbeitsförderungsgesetz) in der Fassung des Jobaktivgesetzes zur Reform der arbeitsmarktpolitischen Instrumente vom 10.12.2001, gültig ab 1.1.2002 (www.bma.bund.de)

Spona, Ausma/Held, Josef (Hg.) (1999): Jugend zwischen Ausgrenzung und Integration, Band II, Hamburg

Statistisches Bundesamt (2000). Im Blickpunkt: Jugend in Deutschland, Wiesbaden

Sterneck, Wolfgang ([2]1998): Der Kampf um die Träume - Musik und Gesellschaft, Hanau

Straus, Florian/Höfer, Renate (1998): Erwerbsgesellschaft ade - Arbeitsidentität passé? Die veränderte Bedeutung von Erwerbsarbeit für die Identität junger Erwachsener, in: Diskurs 1/98: Strukturwandel der Arbeit - Orientierungswandel der Jugend?, S. 10-17

Struck, Peter (1996): Die Kunst der Erziehung, Darmstadt

Tönnies, Sibylle (1998): Arbeitslosigkeit - Der ... An der Jugend, in: Psychologie heute, 6/1998, S. 58-64

Troeller, Gordian (1985): Denn sie wissen, was sie tun, Bremen (Film - Erstaustrahlung 7.10.1985, Radio Bremen)

Ullrich, Otto (1979): Weltniveau. In der Sackgasse des Industriesystems, Berlin

Ullrich, Otto (1999): Regionalisierung: Die räumlich Grundlage für eine zukunftsfähige Lebensweise, in: Finkeldey, Lutz (Hg.): Tausch statt Kaufrausch, Bochum, S. 171-184

UNICEF (1996): Kinderarbeit 1997. Zur Situation der Kinder in der Welt, Frankfurt/M.

Virilio, Paul (1993): Krieg und Fernsehen, München/Wien

Vereinigung der niedersächsischen Industrie- und Handelskammern, (IHKV Niedersachsen) (o.J.): Was erwartet die Wirtschaft von den Schulabgängern?, o.O. (Broschüre)

Wacker, Ali (1999): Arbeitslosigkeit als verweigerter Tausch - sozialer Austausch bei ökonomischer Verarmung?, in: Finkeldey, Lutz (Hg.): Tausch statt Kaufrausch, Bochum, S. 57-70

Witzel, Andreas/Zinn, Jens (1998): Berufsausbildung und soziale Ungleichheit. Sozialstruktur und Biographie beim Übergang von der Schule in die Erwerbstätigkeit, in: Diskurs 1/98: Strukturwandel der Arbeit - Orientierungswandel der Jugend?, S. 28-39

www.perspektive-deutschland.de/fragebogen/0330 - Stand: 23.10.2001

Ziehe, Thomas (1975): Pubertät und Narzißmus, Frankfurt/M./ Köln

Ziehe, Thomas (2000):»Das hätte es früher nicht gegeben!«, in: Jugend & Gesellschaft 2/2000, S. 4-6

Zinnecker, Jürgen (1997): Straßensozialisation. Ein Kapitel aus der Geschichte von Kindheit und Pädagogik, in: Adick, Christel (Hg.): Straßenkinder und Kinderarbeit, Frankfurt/M., S. 93-116

Zöller, Harry (1995): „Sie werden nur von Leuten ernst genommen, denen sie schaden.» Streetwork mit Straßenkindern», in: Becker, Gerd/Simon, Titus (Hrsg): Handbuch aufsuchende Jugend- und Sozialarbeit, Weinheim/ München 1995, S. 243-255

Jürgen Ebach
Theologische Reden, mit denen man keinen Staat machen kann
SWI Verlag Bochum 1989
178 Seiten, ISBN 3-925895-18-3, 12,17 Euro (DM 23,80)

Jürgen Ebach
Biblische Erinnerungen
Theologische Reden zur Zeit
SWI Verlag Bochum 1993
228 Seiten, ISBN 3-925895-41-8, 13,70 Euro (DM 26,80)

Jürgen Ebach
... und behutsam mitgehen mit deinem Gott
Theologische Reden 3
SWI Verlag Bochum 1995
219 Seiten, ISBN 3-925895-53-1, 15,24 Euro (DM 29,80)

Jürgen Ebach
Weil das, was ist, nicht alles ist
Theologische Reden 4
GEP Buch, Frankfurt am Main 1998
308 Seiten, ISBN 3-932194-15-2, 17,39 Euro (DM 34,00)

Jürgen Ebach
Vielfalt ohne Beliebigkeit.
Theologische Reden 5
SWI Verlag, Bochum 2002
270 Seiten, ISBN 3-925895-76-0, 20,00 Euro (DM 39,12)

Günter Brakelmann
Für eine menschlichere Gesellschaft
Band II: Historische und sozialethische Vorträge
SWI Verlag Bochum 2001
348 Seiten, ISBN 3-925895-72-8, 25,00 Euro (49,00 DM)

Martin Huhn, Franz Segbers, Walter Sohn (Hrsg.)
Gerechtigkeit ist unteilbar
KDA-Arbeitshilfe zum Wirtschafts- und Sozialwort der Kirche.
„Für eine Zukunft in Gerechtigkeit"
SWI Verlag Bochum 1997/98 (2. erw. Auflage 1998)
175/195 Seiten, ISBN 3-925895-60-X, 12,78 Euro (DM 25,00)
Frank von Auer, Franz Segbers (Hrsg.)

Gerechtigkeitsfähiges Deutschland
Kirchen und Gewerkschaften gemeinsam für eine Zukunft
in Gerechtigkeit und Solidarität
SWI Verlag Bochum 1998
176 Seiten, ISBN 3-925895-62-0, 5,11 Euro (DM 10,00)

Joachim Weber
Diakonie in Freiheit?
Eine Kritik diakonischen Selbstverständnisses
SWI Verlag Bochum 2001
160 Seiten, ISBN 3925895-70-1, 20,00 Euro (DM 39,12)

Martin Büscher (Hrsg.)
Markt als Schicksal?
Zur Kritik und Überwindung neoliberaler Wirtschafts- und
Gesellschaftspolitik
SWI Verlag Bochum 1998
240 Seiten, ISBN 3-925895-61-2, 19,68 Euro (DM 38,50 DM)

Lutz Finkeldey (Hrsg)
Tausch statt Kaufrausch
SWI Verlag Bochum 1999
281 Seiten, ISBN 3-925895-64-7, 19,68 Euro (DM 38,50)

Elisabeth Conradi, Sabine Plonz (Hrsg.)
Tätiges Leben
Pluralität und Arbeit im politischen Denken Hannah Arendts
SWI Verlag Bochum 2000
185 Seiten, ISBN 3-925895-69-8, 14,21 Euro (DM 27,80)

SWI VERLAG

Zu beziehen über den Buchhandel